CORPS

ABE 35368

HUMAIN

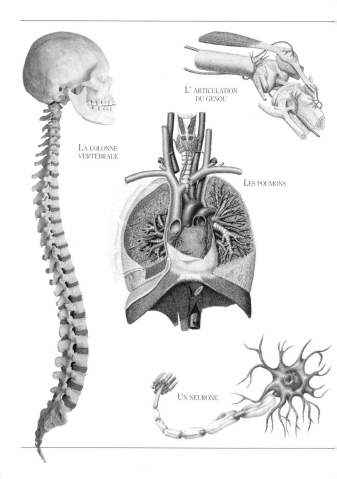

L'ARTICULATION
DU GENOU

LA COLONNE
VERTÉBRALE

LES POUMONS

UN NEURONE

CORPS
HUMAIN

TEXTE
Dr Sarah Brewer

LE SYSTÈME
MUSCULAIRE

LE CRÂNE

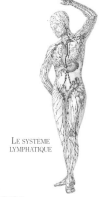

LE SYSTÈME
LYMPHATIQUE

Libre Expression ®

UN LIVRE DORLING KINDERSLEY

Pour l'édition originale:
Dorling Kindersley Limited
9 Henrietta Street, Covent Garden,
London WC2E 8PS

© 1996 Dorling Kindersley Ltd., London

Pour la version française:
© 1997 Hachette Livre

© Éditions Libre Expression 1997
pour le Canada
Tous droits de traduction, d'adaptation
et de reproduction réservés pour tous pays
Dépôt légal : 1er trimestre 1997
ISBN 2-89111-702-6

Photogravure Colourscan, Singapour
Imprimé en Italie par L.E.G.O.

SOMMAIRE

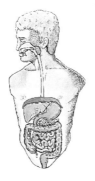

Comment utiliser ce livre 8

INTRODUCTION AU CORPS HUMAIN 10

L'évolution du corps humain 12
Les systèmes 14
Les cellules 16

LES STRUCTURES DU CORPS 18

Le squelette 20
Composition d'un os 22
Le crâne 24
La colonne vertébrale 26
Les articulations 28
Les muscles 32
Poils et ongles 38

LE CERVEAU ET LE SYSTÈME NERVEUX 40

Le système nerveux 42
Le cerveau 44
La moelle épinière 50
Les sens 52

LE CŒUR, LE SANG ET LES POUMONS 60

Le système cardio-vasculaire 62
Le cœur 64
Le sang 66
La lutte contre l'infection 68
Le système endocrinien 72
Le système respiratoire 76

LA DIGESTION 80

Le système digestif 82
La bouche et les dents 84
L'estomac 86
Les intestins 88
Le foie et le pancréas 90
Le système urinaire 92

LA REPRODUCTION 94

Les appareils génitaux 96
Sexualité et fécondation 100
Grossesse et naissance 102
Génétique et hérédité 104
La croissance 106
Le vieillissement 108

En SAVOIR PLUS 110
La santé et la forme 112
Notions de diététique 114
L'étude du corps humain 116

Glossaire 120
Index 124

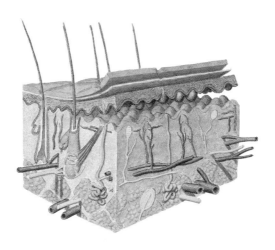

COMMENT UTILISER CE LIVRE

Votre encyclopoche est divisé en six chapitres
traitant chacun des principales fonctions et organes
du corps humain. Une double page en couleurs
annonce chaque chapitre. La dernière partie présente
quelques notions de diététique et un rappel
des grandes dates de l'étude
du corps humain.

Le titre nomme le sujet de la page.
Si le sujet se poursuit sur plusieurs
pages, le titre apparaît en tête
de la page de droite.
L'introduction constitue une vue
d'ensemble du sujet traité.
Après l'avoir lue, vous aurez une idée
claire du contenu des pages.

Code couleur

CODE COULEUR
Au coin de chaque
page, un carré de
couleur vous rappelle
le thème du chapitre.

STRUCTURES DU CORPS

LE CERVEAU ET LE
SYSTÈME NERVEUX

LE CŒUR, LE SANG
ET LES POUMONS

LA DIGESTION

LA REPRODUCTION

ENCADRÉS
Certains aspects des
sujets traités sont
mis en valeur par des
encadrés : on y trouve
des explications
détaillées souvent
accompagnées
de schémas.

Pour plus de clarté,
un titre identifie
les illustrations
quand elles ne sont
pas reliées au texte
de façon évidente.

Les légendes en italique
soulignent les détails
auxquels elles sont
reliées par un filet.
Elles complètent le texte
qui commente
chaque illustration.

En haut de la page de gauche figure le titre du chapitre, et en haut de la page de droite, le sujet traité. La page ci-dessous traite du cœur dans le chapitre "Le cœur, le sang et les poumons".

PLANCHES D'ANATOMIE

En début de chapitre, elles présentent et décrivent le fonctionnement général des différents organes impliqués dans les processus vitaux, comme la respiration, la digestion ou le système immunitaire, par exemple.

EN SAVOIR PLUS

À la fin du livre, les pages jaunes vous proposent des renseignements complémentaires. Vous y trouverez un tableau historique chronologique, des notions de diététique et d'hygiène de vie.

Des petits encadrés intitulés "Le saviez-vous ?" vous rappellent d'un coup d'œil les détails remarquables ou étonnants propres au sujet traité.

INDEX ET GLOSSAIRE

Pour faciliter votre lecture, un glossaire reprend certains termes spécifiques de l'anatomie et un index dresse la liste de tous les sujets et noms scientifiques cités.

INTRODUCTION AU CORPS HUMAIN

L'ÉVOLUTION DU CORPS HUMAIN 12

LES SYSTÈMES 14

LES CELLULES 16

L'ÉVOLUTION DU CORPS HUMAIN

La vie sur Terre a commencé il y a quatre milliards d'années. En observant les fossiles, on peut penser que des êtres proches de l'homme, les hominidés, firent leur apparition il y a quelque cinq millions d'années (– 5 MA).

ARBRE GÉNÉALOGIQUE DE LA FAMILLE HUMAINE

ÉCHELLE DU TEMPS

Formation de la Terre : –4 600 MA

Hommes

Grands singes

Dinosaures

Flore terrestre

Vie marine : – 1 500 MA

Vie : –3 800 MA

Bactéries

L'HORLOGE DE L'ÉVOLUTION
La vie humaine est un fait relativement récent dans l'histoire de la vie sur Terre.

Sivapithèque
– 13 à – 7 MA.
Extinction de l'ancêtre de l'orang-outang.

Orang-outang
Le crâne des singes actuels montre que l'orang-outang appartient à une famille de mammifères différente de l'homme ou du grand singe.

Chimpanzé/gorille
Le singe moderne, au cerveau plus petit que celui de l'homme, marche

Australopithèque
– 5 à – 1,5 MA.
Les premiers grands singes adoptent la station verticale.

Aegyptopithèque
– 30 MA.
Le plus vieil ancêtre connu des grands singes

12

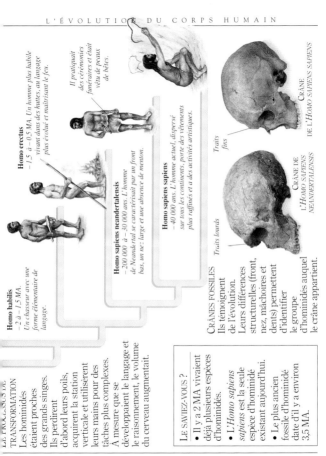

LE PROCESSUS DE TRANSFORMATION
Les hominidés étaient proches des grands singes. Ils perdirent d'abord leurs poils, acquirent la station verticale et utilisèrent leurs mains pour des tâches plus complexes. À mesure que se développaient le langage et le raisonnement, le volume du cerveau augmentait.

Homo habilis
– 2 à – 1,5 MA.
Un chasseur avec une forme élémentaire de langage.

Homo erectus
– 1,5 à – 0,5 MA. Un homme plus habile vivant dans des huttes, au langage plus évolué et maîtrisant le feu.

Il pratiquait des cérémonies funéraires et était vêtu de peaux de bêtes.

Homo sapiens neandertalensis
– 200 000 à – 30 000 ans. L'homme de Neandertal se caractérisait par un front bas, un nez large et une absence de menton.

Homo sapiens sapiens
– 40 000 ans. L'homme actuel, dispersé sur tous les continents, porte des vêtements plus raffinés et a des activités artistiques.

CRÂNE
DE L'*HOMO SAPIENS SAPIENS*

Traits fins

CRÂNE DE
L'*HOMO SAPIENS
NEANDERTALENSIS*

Traits lourds

CRÂNES FOSSILES
Ils témoignent de l'évolution.
Leurs différences structurelles (front, nez, mâchoires et dents) permettent d'identifier le groupe d'hominidés auquel le crâne appartient.

LE SAVIEZ-VOUS ?
• Il y a 2 MA vivaient déjà plusieurs espèces d'hominidés.
• L'*Homo sapiens sapiens* est la seule espèce d'hominidé existant aujourd'hui.
• Le plus ancien fossile d'hominidé date d'il y a environ 3,5 MA.

LES SYSTÈMES

Le corps humain est constitué d'un certain nombre de systèmes ayant chacun une fonction spécifique. Reliés les uns aux autres, ils communiquent par les systèmes sanguin et nerveux. Voici les principaux systèmes communs aux deux sexes.

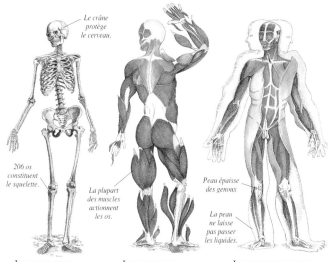

Le crâne protège le cerveau.

206 os constituent le squelette.

La plupart des muscles actionnent les os.

Peau épaisse des genoux

La peau ne laisse pas passer les liquides.

LE SQUELETTE
Charpente du corps, il protège les organes internes vitaux tels le cœur et les poumons.

LES MUSCLES
Tout mouvement du corps, involontaire ou volontaire, est dû à la contraction des muscles.

LA PEAU ET LES POILS
La peau, les poils et les ongles protègent le corps et le mettent à l'abri de l'eau.

LE SYSTÈME RESPIRATOIRE
Il apporte l'oxygène aux poumons et rejette le gaz carbonique.

LE SYSTÈME DIGESTIF
Un tube de 9 m de long digère la nourriture et élimine les déchets solides.

LE SYSTÈME URINAIRE
Les déchets solubles contenus dans le sang sont filtrés et forment l'urine.

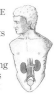

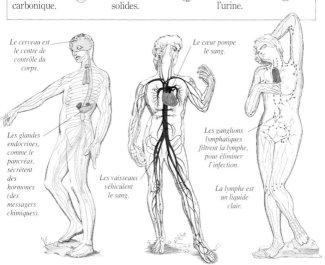

Le cerveau est le centre de contrôle du corps.

Le cœur pompe le sang.

Les glandes endocrines, comme le pancréas, sécrètent des hormones (des messagers chimiques).

Les ganglions lymphatiques filtrent la lymphe, pour éliminer l'infection.

Les vaisseaux véhiculent le sang.

La lymphe est un liquide clair.

LE SYSTÈME NERVEUX
C'est grâce à lui que le cerveau envoie et reçoit des signaux, coordonnant les actions du corps.

LE SYSTÈME CARDIO-VASCULAIRE
En propulsant le sang dans l'ensemble du corps, il oxygène les tissus.

LE SYSTÈME LYMPHATIQUE
La lymphe est canalisée par les vaisseaux lymphatiques.

LES CELLULES

Les organes sont formés de différents tissus, c'est-à-dire de cellules identiques ayant une fonction spécifique. Plus de 200 types de cellules spécialisées se combinent dans le corps humain.

CARACTÉRISTIQUES DES CELLULES

Elles contiennent des organites, microstructures qui effectuent les fonctions vitales et baignent dans un liquide qui leur fournit oxygène et substances nutritives et évacue les déchets (gaz carbonique).

LE SAVIEZ-VOUS ?

• Le corps d'un adulte contient plus de 50 trillions de cellules.

• La plupart des 3 milliards de cellules qui meurent chaque minute sont remplacées.

• La cellule d'un œuf (ovule), visible à l'œil nu, est la plus grosse cellule humaine.

Noyau contenant les gènes (information génétique) qui contrôlent le fonctionnement, le développement et la reproduction cellulaires.

Enveloppe nucléaire isolant le noyau du reste de la cellule.

Pores nucléaires permettant les échanges entre le contenu du noyau et le cytoplasme.

Cytoplasme – gel transparent dans lequel baignent les organites.

Membrane protégeant
et isolant la cellule.

Réticulum endoplasmique –
système de membranes
sécrétant, stockant et
transportant les protéines.

Ribosomes
(granulations)
sur le réticulum
endoplasmique ou en
suspension dans le
cytoplasme, sécrétant
des protéines.

Lysosomes –
petites vésicules
contenant
de puissants
enzymes qui
détruisent
les organites
épuisés et
digèrent les
particules
étrangères
absorbées
par la cellule.

Mitochondries
jouant un rôle
essentiel dans le
stockage de l'énergie.

Vésicule pinocytaire –
petite poche de liquide
apportée par la cellule,
contenue dans la
membrane cellulaire.

Appareil de Golgi concentrant,
enveloppant et transportant
à la surface de la cellule
les produits de sécrétions
cellulaires.

TYPES DE CELLULES

GLOBULES ROUGES
Seules cellules dépourvues
de noyau, elles assurent le
transport de l'oxygène et
vivent environ 120 jours.

CELLULES NERVEUSES
Ces cellules, les plus
longues, véhiculent des
messages électriques.

GLOBULES BLANCS
Les 10 milliards de
globules blancs fabriqués
chaque jour luttent
contre les infections.

 Noyau

DÉVELOPPEMENT
DU NOYAU

DIVISION
DU NOYAU

DIVISION DU NOYAU, PUIS
DE LA CELLULE EN DEUX

LA CELLULE FILLE PEUT
ATTEINDRE LA TAILLE DE
LA CELLULE MÈRE

LA DIVISION CELLULAIRE
Les cellules se divisent et se multiplient
pour assurer notre croissance et
remplacer les cellules détruites. C'est
durant la gestation dans l'utérus que
la division cellulaire est la plus rapide.

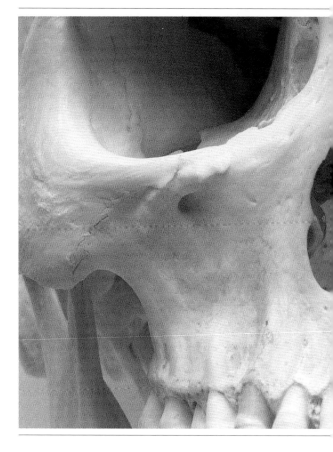

LES STRUCTURES DU CORPS

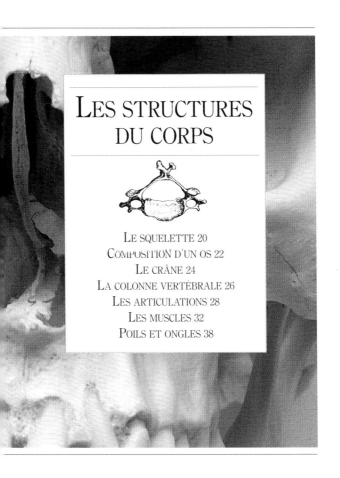

LE SQUELETTE 20
COMPOSITION D'UN OS 22
LE CRÂNE 24
LA COLONNE VERTÉBRALE 26
LES ARTICULATIONS 28
LES MUSCLES 32
POILS ET ONGLES 38

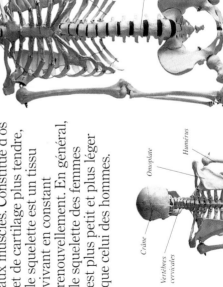

Frontal

Os malaire

Maxillaire supérieur

Maxillaire inférieur

Clavicule

Sternum

Sept vraies côtes, fixées au sternum

Cartilage costal

Trois fausses côtes attachées à une vraie côte

Deux côtes flottantes

Vertèbres lombaires

Bassin (pelvis) — 6 os soudés forment la cavité pelvienne.

Os propre du nez

Dents

Crâne

Vertèbres cervicales

Omoplate

Humérus

LE SQUELETTE

Le squelette est la charpente du corps. Il lui donne sa forme, le protège et sert de point d'attache aux muscles. Constitué d'os et de cartilage plus tendre, le squelette est un tissu vivant en constant renouvellement. En général, le squelette des femmes est plus petit et plus léger que celui des hommes.

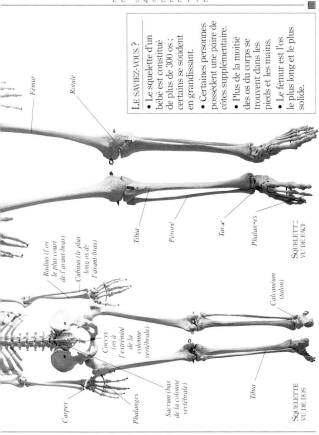

Fémur

Rotule

LE SAVIEZ-VOUS ?
• Le squelette d'un bébé est constitué de plus de 300 os ; certains se soudent en grandissant.
• Certaines personnes possèdent une paire de côtes supplémentaire.
• Plus de la moitié des os du corps se trouvent dans les pieds et les mains.
• Le fémur est l'os le plus long et le plus solide.

Tibia

Péroné

Tarse

Phalanges

SQUELETTE VU DE FACE

Radius (l'os le plus court de l'avant-bras)

Cubitus (le plus long os de l'avant-bras)

Coccyx (os à l'extrémité de la colonne vertébrale)

Calcanéum (talon)

Carpes

Phalanges

Sacrum (bas de la colonne vertébrale)

Tibia

SQUELETTE VU DE DOS

COMPOSITION D'UN OS

Il est constitué d'un réseau de fibres protéiques
(collagène) imprégnées de calcium et de phosphate.
Élément dur et vivant, 10 % de sa masse est
renouvelée chaque année. Ce processus s'effectue
grâce à certaines cellules (ostéoclastes)
qui résorbent les tissus anciens et à
d'autres (ostéoblastes) qui élaborent
les fibres nouvelles.

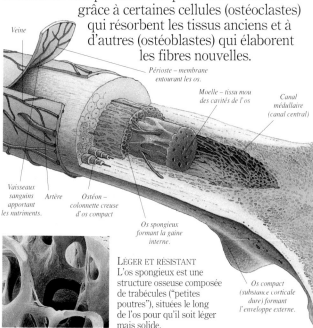

Veine

*Périoste – membrane
entourant les os.*

*Moelle – tissu mou
des cavités de l'os*

*Canal
médullaire
(canal central)*

*Vaisseaux
sanguins
apportant
les nutriments.*

Artère

*Ostéon –
colonnette creuse
d'os compact*

*Os spongieux
formant la gaine
interne.*

LÉGER ET RÉSISTANT
L'os spongieux est une
structure osseuse composée
de trabécules ("petites
poutres"), situées le long
de l'os pour qu'il soit léger
mais solide.

*Os compact
(substance corticale
dure) formant
l'enveloppe externe.*

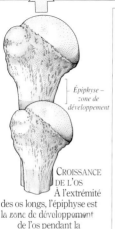

Épiphyse – zone de développement

CROISSANCE DE L'OS

À l'extrémité des os longs, l'épiphyse est la zone de développement de l'os pendant la croissance. Celle-ci s'achève vers 20 ans.

LES FRACTURES

La rupture d'un os s'appelle une fracture. Il arrive que lors d'une fracture l'os soit mis à nu ; il s'agit alors d'une fracture ouverte. L'os se cicatrise en plusieurs étapes.

Caillot de sang   *Moelle*

Vaisseaux sanguins endommagés

1. Formation d'un caillot de sang, 6 à 8 heures après l'accident.

Nouveaux vaisseaux sanguins   *Cal*

2. Les fibres collagènes commencent leur travail d'ossification, pour ressouder les deux extrémités de l'os brisé. Les tissus cicatrisés forment une protubérance, le cal.

Disparition de l'œdème   *Nouvel os compact*

Fracture cicatrisée   *Nouvel os spongieux*

3. L'os cicatrisé se remodèle. L'os spongieux remplace les tissus reconstitués. L'os compact se forme autour de la fracture.

LA STRUCTURE OSSEUSE

L'os compact constitué de minuscules tubes osseux (ostéons) forme l'enveloppe externe solide, l'os spongieux constitue une couche interne plus légère. La moelle osseuse se présente sous deux aspects : la moelle rouge, abondante dans les os long, assure le renouvellement des globules rouges, la moelle jaune stocke les graisses.

LE SAVIEZ-VOUS ?

• Les os et les dents contiennent 99 % du calcium du corps.

• L'os compact est l'élément du corps le plus dur après l'émail.

• On distingue 3 variétés d'os : plat, long et court.

LE CRÂNE

Le crâne est la partie du squelette la plus complexe.
Il protège les organes des sens et la voûte crânienne
contient le cerveau. Les os faciaux servent de point
d'ancrage aux muscles responsables des expressions
faciales, de la mastication et de la parole.

LE CRÂNE VU DE FACE
Hormis le maxillaire
inférieur, tous les os du
crâne sont reliés les
uns aux autres pour
former une boîte
solide non
articulée. Ils sont
réunis par des
articulations
spéciales,
les sutures.

Temporal

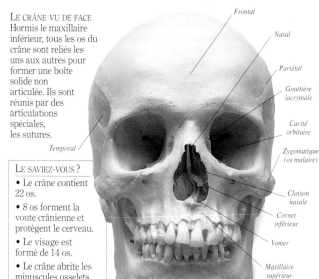

Frontal

Nasal

Pariétal

Gouttière lacrymale

Cavité orbitaire

Zygomatique (os malaire)

Cloison nasale

Cornet inférieur

Vomer

Maxillaire supérieur

Maxillaire inférieur

LE SAVIEZ-VOUS ?

• Le crâne contient
22 os.

• 8 os forment la
voute crânienne et
protègent le cerveau.

• Le visage est
formé de 14 os.

• Le crâne abrite les
minuscules osselets
de l'oreille moyenne :
3 de chaque côté.

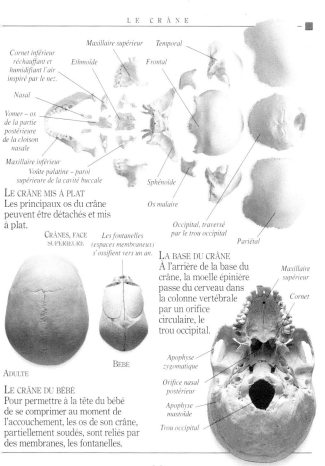

Cornet inférieur réchauffant et humidifiant l'air inspiré par le nez.

Ethmoïde

Maxillaire supérieur

Temporal

Frontal

Nasal

Vomer – os de la partie postérieure de la cloison nasale

Maxillaire inférieur

Voûte palatine – paroi supérieure de la cavité buccale

Sphénoïde

Os malaire

LE CRÂNE MIS À PLAT
Les principaux os du crâne peuvent être détachés et mis à plat.

Occipital, traversé par le trou occipital

Pariétal

CRÂNES, FACE SUPÉRIEURE

Les fontanelles (espaces membraneux) s'ossifient vers un an.

ADULTE

BÉBÉ

LE CRÂNE DU BÉBÉ
Pour permettre à la tête du bébé de se comprimer au moment de l'accouchement, les os de son crâne, partiellement soudés, sont reliés par des membranes, les fontanelles.

LA BASE DU CRÂNE
À l'arrière de la base du crâne, la moelle épinière passe du cerveau dans la colonne vertébrale par un orifice circulaire, le trou occipital.

Maxillaire supérieur

Cornet

Apophyse zygomatique

Orifice nasal postérieur

Apophyse mastoïde

Trou occipital

LA COLONNE VERTÉBRALE

La colonne vertébrale, constituée de 33 os – les vertèbres – qui entourent la moelle épinière, soutient le squelette. L'imbrication des vertèbres, qui glissent les unes sur les autres, lui assure une grande flexibilité. Quatre courbures légères la renforcent et augmentent sa stabilité.

LE SAVIEZ-VOUS ?
- L'homme et la girafe ont le même nombre de vertèbres.
- Les apophyses épineuses forment des bosses qui protègent la moelle épinière.
- Les disques intervertébraux servent d'amortisseurs en cas de chocs.

Apophyse transverse

Disque intervertébral

Trou de conjugaison

Vertèbre

Canal rachidien

Vertèbre cervicale, petite et légère, supportant la tête.

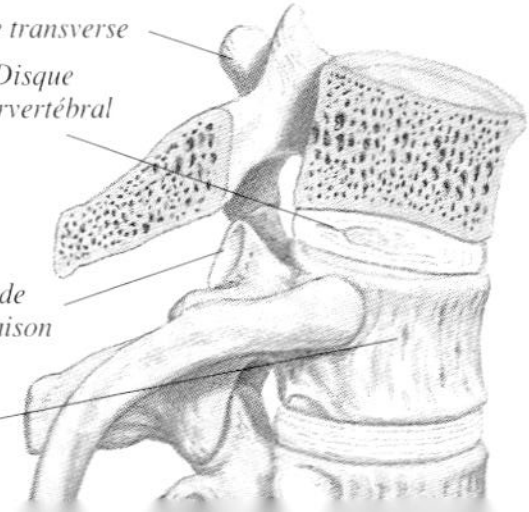

CRÂNE ET COLONNE VERTÉBRALE

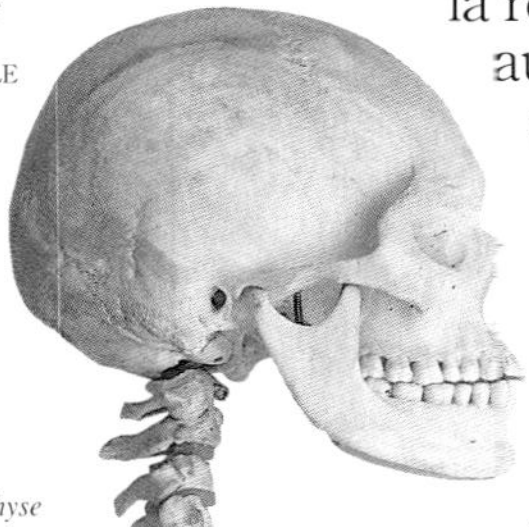

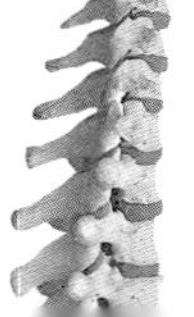

L'atlas, la première vertèbre cervicale, supporte la tête et lui permet de bouger.

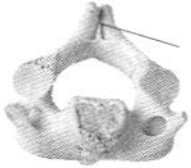

Apophyse épineuse

L'axis, la deuxième vertèbre cervicale, sert d'axe aux mouvements de rotation de la tête.

Os spongieux

Côte

Les vertèbres sont séparées les unes des autres par un disque cartilagineux, jouant le rôle d'un amortisseur. Chaque disque est constitué d'une enveloppe externe dure et flexible et d'une masse centrale gélatineuse molle.

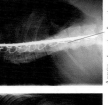

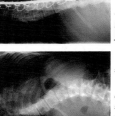

AVANT *Radio d'une scoliose (incurvation latérale)*

APRÈS *Insertion d'une tige en acier inoxydable pour redresser la colonne.*

DÉVIATIONS DE LA COLONNE VERTÉBRALE
Il peut s'agir de scoliose (déviation latérale), de cyphose (dos rond), ou d'une cambrure excessive. Une intervention chirurgicale consistant à introduire une plaque peut y remédier.

Sacrum

Coccyx

Corps

Les vertèbres dorsales possèdent 2 facettes articulaires de chaque côté dans lesquelles viennent s'articuler les côtes.

Apophyse transverse

Les vertèbres lombaires sont les plus résistantes. Elles supportent la partie supérieure du corps.

LA VERTÈBRE
Le corps de la vertèbre supporte le poids du corps. Le canal rachidien, formé par les trous vertébraux, protège la moelle épinière. Les apophyses (protubérances osseuses) permettent aux vertèbres de s'articuler entre elles.

LES ARTICULATIONS

Les os sont reliés par des articulations maintenues en place par des bandes de tissus, les ligaments. Certaines articulations sont fixes, d'autres mobiles, les os pouvant alors effectuer de nombreux mouvements. Elles sont protégées par le cartilage et lubrifiées par la synovie.

LES ARTICULATIONS MOBILES

Le squelette contient six sortes d'articulations mobiles. Certaines personnes, grâce à des ligaments plus souples, peuvent effectuer des mouvements interdits aux autres.

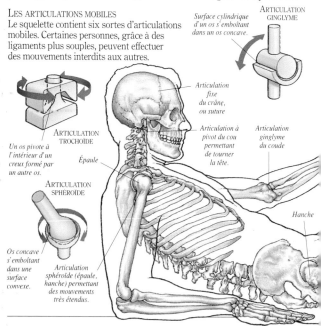

ARTICULATION
GINGLYME

Surface cylindrique d'un os s'emboîtant dans un os concave.

Articulation fixe du crâne, ou suture

ARTICULATION
TROCHOÏDE

Un os pivote à l'intérieur d'un creux formé par un autre os.

Articulation à pivot du cou permettant de tourner la tête.

Articulation ginglyme du coude

Épaule

ARTICULATION
SPHÉROÏDE

Os concave s'emboîtant dans une surface convexe.

Articulation sphéroïde (épaule, hanche) permettant des mouvements très étendus.

Hanche

AUTRES ARTICULATIONS
Certaines articulations n'autorisent qu'une flexibilité limitée. D'autres facilitent seulement la croissance de l'os et le protègent.

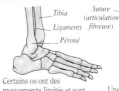

Tibia
Ligaments
Péroné

Suture (articulation fibreuse)

Certains os ont des mouvements limités et sont stabilisés par des coussins cartilagineux, comme à la jonction du tibia et du péroné.

Une fois la croissance du crâne achevée, les os se fixent les uns aux autres en formant des sutures.

ARTICULATION ELLIPSOÏDE

Articulation ellipsoïde du poignet autorisant les mouvements latéraux et d'avant en arrière.

Surface articulaire convexe s'emboîtant dans une cavité concave.

ARTHRODIE

Surfaces articulaires presque planes

Les arthrodies se trouvent dans les mains et les pieds.

Articulation ellipsoïde

ARTICULATION EN SELLE

Surfaces articulaires en U s'emboîtant à angle droit et permettant les mouvements de flexion et d'extension.

Ligaments résistants limitant les mouvements.

Articulation en selle

Arthrodies

Ligaments résistants limitant les mouvements.

Articulation ginglyme (cheville) ne permettant que des mouvements de flexion et d'extension.

Articulation bicondylaire

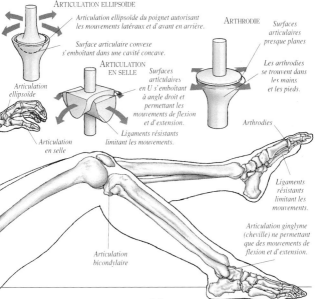

Articulations et mouvements

Les articulations et les muscles permettent au corps d'effectuer un grand nombre de mouvements. Plier une articulation s'appelle une flexion, l'étirer une extension. Écarter un membre de l'axe du corps s'appelle une abduction, l'en rapprocher une adduction.

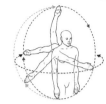

AMPLITUDE DE MOUVEMENT
L'articulation de l'épaule est multi-axiale. Elle permet de lever et d'abaisser le bras, de le projeter en arrière et en avant, d'exécuter des cercles latéraux.

Artère

Droit antérieur

Tendon rotulien

Fémur

Coussinet graisseux

Ligament latéral interne

Ligaments croisés

Tibia

L'ARTICULATION DU GENOU
Les ligaments internes et externes stabilisent le genou lorsqu'il est en flexion, l'empêchant de se déboîter. Deux croissants cartilagineux (ménisques) réduisent la friction entre les surfaces articulaires.

Ménisque

Ligament latéral externe

LA LUXATION
À la suite d'une fracture, il arrive que les ligaments d'une articulation mobile soient déchirés. Les surfaces articulaires se déplacent : on dit que l'articulation est luxée.

Péroné

L'ARTHRITE
C'est l'inflammation d'une articulation. Elle provoque une déformation et affecte souvent les petites articulations. En s'inflammant, la membrane synoviale s'épaissit.

PREMIER STADE   DERNIER STADE

Inflammation de la membrane

Cartilage effrité

Arthrite rhumatismale des articulations des doigts

En épaississant, la membrane synoviale s'introduit dans l'articulation.

LE SAVIEZ-VOUS ?

• La plus grosse des articulations est celle du genou.

• Les articulations qui relient les 3 osselets de l'oreille moyenne sont les plus petites.

• Les grosses articulations mobiles sont lubrifiées par le liquide synovial.

ÉVOLUTION DE L'OSTÉITE

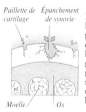

Paillette de cartilage   *Épanchement de synovie*

Moelle   *Os*

Bouchon

Vaisseaux sanguins

1er STADE
L'ostéite se manifeste par l'effritement du cartilage articulaire. Elle affecte généralement les grosses articulations supportant le poids du corps comme les hanches et les genoux.

2e STADE
Les fêlures du cartilage s'aggravent et atteignent l'os sous-jacent. Les vaisseaux sanguins se forment dans la cavité et fabriquent un caillot qui agit comme un bouchon.

Ostéophyte   *Fissure dans l'os*   *Cartilage endommagé*

Moelle   *Kyste liquide*

3e STADE
Après la disparition du bouchon, la synovie s'écoule dans la cavité et forme un kyste. L'os endommagé forme des protubérances (ostéophytes) et l'articulation devient de plus en plus douloureuse, raide et difficile à bouger.

LES MUSCLES

Les muscles assurent tous les mouvements volontaires et involontaires. Les muscles squelettiques (volontaires) sont fixés directement à l'os ou reliés par un tendon. Ils travaillent en général par paires – un muscle se contracte pendant que l'autre se relâche –, permettant aux articulations de se plier ou de se tendre.

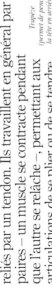

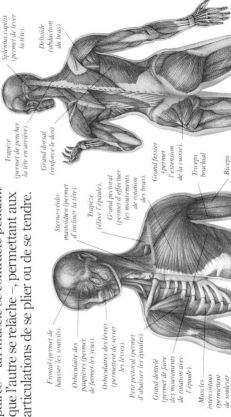

Splénius capitis (permet de lever la tête).

Deltoïde (abduction du bras).

Trapèze (permet de pencher la tête en arrière).

Grand dorsal (renforce le dos).

Sterno-cléido-mastoïdien (permet d'incliner la tête).

Trapèze (élève l'épaule).

Grand pectoral (permet d'effectuer les mouvements de rotation des bras).

Grand fessier (permet l'extension de la cuisse).

Triceps brachial

Biceps

Frontal (permet de hausser les sourcils).

Orbiculaire des paupières (permet de fermer les yeux).

Orbiculaires des lèvres (permettent de serrer les lèvres).

Petit pectoral (permet d'abaisser les épaules).

Grand denté (permet de faire des mouvements de rotation avec l'épaule).

Muscles intercostaux (permettent de soulever

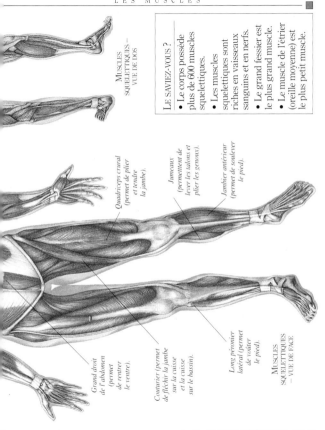

MUSCLES
SQUELETTIQUES –
VUE DE DOS

LE SAVIEZ-VOUS ?

• Le corps possède plus de 600 muscles squelettiques.

• Les muscles squelettiques sont riches en vaisseaux sanguins et en nerfs.

• Le grand fessier est le plus grand muscle.

• Le muscle de l'étrier (oreille moyenne) est le plus petit muscle.

Quadriceps crural (permet de plier et tendre la jambe).

Jumeaux (permettent de lever les talons et plier les genoux).

Jambier antérieur (permet de soulever le pied).

Grand droit de l'abdomen (permet de rentrer le ventre).

Couturier (permet de fléchir la jambe sur la cuisse et la cuisse sur le bassin).

Long péronier latéral (permet de voûter le pied).

MUSCLES
SQUELETTIQUES
– VUE DE FACE

La structure d'un muscle

Les muscles, qui représentent environ 40 % du poids du corps, assurent tous les mouvements. Formés de cellules longues et fines, ils transforment l'énergie chimique des acides gras et du glucose (sucre du sang) en mouvement et chaleur. Certains muscles sont dits volontaires, car ils travaillent consciemment, d'autres fonctionnent automatiquement pour gérer les activités vitales du corps.

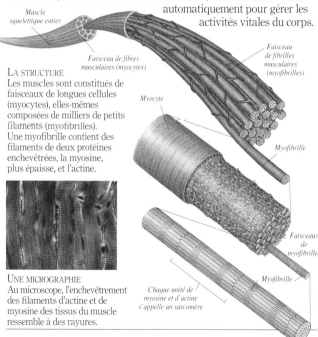

Muscle squelettique entier

Faisceau de fibres musculaires (myocytes)

Faisceau de fibrilles musculaires (myofibrilles)

Myocyte

Myofibrille

Faisceau de myofibrille

Myofibrille

LA STRUCTURE

Les muscles sont constitués de faisceaux de longues cellules (myocytes), elles-mêmes composées de milliers de petits filaments (myofibrilles). Une myofibrille contient des filaments de deux protéines enchevêtrées, la myosine, plus épaisse, et l'actine.

Chaque unité de myosine et d'actine s'appelle un sarcomère

UNE MICROGRAPHIE

Au microscope, l'enchevêtrement des filaments d'actine et de myosine des tissus du muscle ressemble à des rayures.

LES DIFFÉRENTS MUSCLES

TROIS TYPES DE MUSCLES
Le muscle squelettique est dit volontaire, car ses mouvements sont contrôlés. Le muscle cardiaque est spécifique au cœur. Le muscle lisse, dit involontaire, est responsable des mouvements automatiques.

MUSCLES SQUELETTIQUES
Certains de ces muscles en relation avec le squelette se contractent, tandis que d'autres se reposent, produisant un mouvement volontaire, comme la marche.

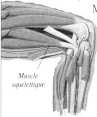

Muscle squelettique

Muscle cardiaque

LE MUSCLE CARDIAQUE
Il possède des fibres striées qui permettent la transmission rapide des signaux électriques entraînant la contraction rythmée et automatique du cœur.

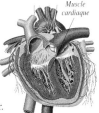

MUSCLES LISSES
Muscles involontaires, ils effectuent des tâches automatiques comme la contraction et la dilatation des vaisseaux sanguins et la propulsion de la nourriture dans l'estomac.

Muscle lisse de l'estomac

Tendon du demi-tendineux

Tendon du biceps crural

Tendon du biceps fémoral

Tendon d'Achille

LES TENDONS
Les muscles squelettiques sont reliés aux os et aux autres muscles par des tendons, constitués d'un tissu conjonctif résistant.

LE SAVIEZ-VOUS ?

• Les muscles peuvent faire cligner les paupières jusqu'à 5 fois par seconde.

• Durant l'effort, l'accumulation d'acide lactique dans un muscle peu oxygéné provoque des crampes.

Action du muscle

Les muscles n'assurent que les tractions. Les signaux nerveux en provenance du cerveau indiquent quelle est la fibre musculaire à contracter, et quand. Pour lever un poids, les fibres musculaires se contractent et développent une force constante (contraction isotonique). Une fois soulevé, elles gardent une longueur constante pour maintenir la tension (contraction isométrique).

Filaments de myosine   Filaments d'actine

MUSCLE AU REPOS   Sarcomère

MUSCLE SEMI-CONTRACTÉ

MUSCLE ENTIÈREMENT CONTRACTÉ

LA CONTRACTION MUSCULAIRE
Lorsqu'une fibre musculaire reçoit un signal, ses filaments se chevauchent, elle se raccourcit et le muscle se contracte. Lorsque les filaments reprennent leur place, le muscle se relâche.

L'ACTION SIMULTANÉE DES MUSCLES
Les muscles ne pouvant assurer que des tractions, ils travaillent par paires pour actionner les articulations. Pour lever l'avant-bras, le biceps se contracte pendant que le triceps se relâche.

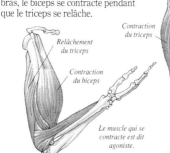

Contraction du triceps

Relâchement du triceps

Contraction du biceps

Le muscle qui se contracte est dit agoniste.

Le muscle qui se relâche est dit antagoniste.

Pour rabaisser l'avant-bras, contraction du triceps et relâchement du biceps.

L'articulation du coude s'étend quand le biceps se relâche.

LA MUSCULATION

Les culturistes font travailler leurs muscles de façon à en accroître le volume et le tonus, le tendon se renforce et l'irrigation sanguine s'accroît. Un régime à base de féculents et de protéines aide à développer la musculature.

Muscles très développés

FEMME CULTURISTE

UNE DÉCHIRURE MUSCULAIRE

Un effort excessif peut entraîner une lésion des fibres musculaires. Une déchirure musculaire est douloureuse et immobilisante. Si un épanchement sanguin (hématome) se produit, il faut parfois le ponctionner.

Deltoïde

Déchirure musculaire due à des mouvements excessifs de l'articulation de l'épaule

Humérus

LES MUSCLES FACIAUX

Le visage possède plus de 30 muscles qui se relâchent et se contractent pour exprimer toutes les émotions, du plaisir à la surprise en passant par la colère.

FRONCEMENT DES SOURCILS
Le sourcilier, au-dessus de chaque œil, permet de froncer les sourcils.

SURPRISE
Le frontal, un muscle large, soulève les sourcils "de surprise" en se contractant.

TRISTESSE
Un grand muscle plat (le peaucier du cou) s'étire vers le bas du cou et fait tomber les commissures des lèvres.

PROBLÈMES MUSCULAIRES

AFFECTION	CAUSES
Myalgie	Douleur due à une infection ou une inflammation.
Tendinite	Inflammation d'un tendon (traumatisme ou rhumatisme).
Crampe	Contraction due à la concentration d'acide lactique.
Tétanos	Contractures intenses d'origine bactérienne.
Myopathie	Dégénérescence héréditaire.

LA STRUCTURE
L'enveloppe externe
du poil est recouverte
de cellules mortes
qui le protègent.

POILS ET ONGLES

La peau contient la kératine, protéine
dure, principal constituant des poils
et des ongles. Les ongles protègent
le bout des doigts et des orteils. Les
poils réchauffent
et protègent en
partie le corps.

Le poil émerge
de la couche
superficielle de la
peau, l'épiderme.

Derme

Muscle érecteur
du poil

Follicule pileux

TYPES DE CHEVEUX
C'est la forme
du follicule pileux
qui détermine
le type du cheveu :
raide, ondulé
ou frisé.

Poil frisé
provenant d'un
follicule ovale.

Poil ondulé
provenant d'un
follicule plat.

Poil raide
provenant d'un
follicule rond.

LES FOLLICULES
PILEUX
Les poils sont
des filaments
de kératine qui
naissent de follicules
situés dans la partie
profonde de la peau (derme). La tête
compte environ 100 000 follicules pileux.

LA CALVITIE
La plupart des hommes
perdent leurs cheveux en
vieillissant. Ce sont les
tempes et le sommet
du crâne (la tonsure) qui
se dégarnissent d'abord.

Tempes dégarnies –
les cheveux forment
un V sur le front.

Calvitie circulaire,
ou tonsure.

Chute de cheveux pouvant
provoquer une calvitie sur
tout le sommet du crâne.

LA STRUCTURE DE L'ONGLE

La kératine, protéine fibreuse et dure qui constitue les ongles, est produite par des cellules actives situées à la base et sur les côtés des ongles. Ces zones de croissance sont protégées par des pellicules de peau, les cuticules.

Cuticules recouvrant les zones de croissance de l'ongle.

Lunule, siège des cellules renouvelant l'ongle.

La couleur rosée du lit de l'ongle est due aux vaisseaux sanguins sous-jacents.

LA CROISSANCE DE L'ONGLE

Les ongles poussent jusqu'à 5 mm par mois. S'ils ne sont pas coupés, ils peuvent atteindre 30 cm de long.

MALADIES DES ONGLES ET DES CHEVEUX

AFFECTION	SYMPTÔMES
Panaris	Petit abcès sur le côté d'un ongle.
Ongle noir	Hématome suite à un choc violent.
Mycose	Affection due à un champignon sous l'ongle, le rendant cassant et déformé.
Ongles cassants	Parfois dû à une carence en fer.
Alopécie totale	Chute totale des poils, y compris les cils et sourcils.
Alopécie partielle	Chute des cheveux provoquant des pelades, pouvant être d'origine psychologique.

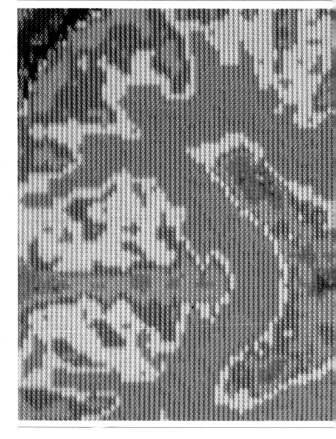

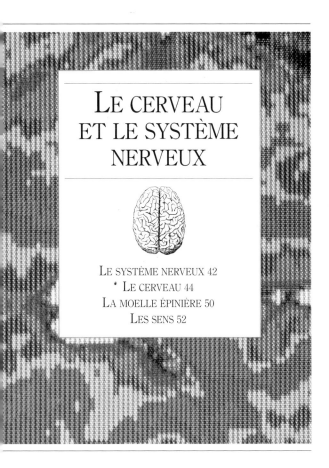

LE CERVEAU
ET LE SYSTÈME
NERVEUX

LE SYSTÈME NERVEUX 42
LE CERVEAU 44
LA MOELLE ÉPINIÈRE 50
LES SENS 52

LE SYSTÈME NERVEUX

Le cerveau et la moelle épinière constituent le système nerveux central, lui-même relié au système nerveux périphérique, un réseau de fibres nerveuses présent dans tout l'organisme. Ces deux systèmes coordonnent les actions du corps.

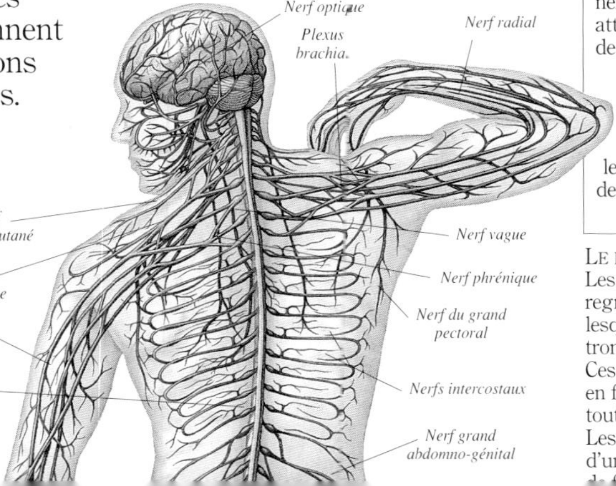

LE SAVIEZ-VOUS ?
- Le nerf le plus long est le nerf sciatique.
- La vitesse de conduction des influx nerveux peut atteindre plus de 400 km/h.
- La vitesse de conduction des messages de douleur est plus lente que celle des messages tactiles.

LE RÉSEAU NERVEUX
Les fibres nerveuses sont regroupées en câbles, lesquels forment des troncs nerveux.
Ces derniers se ramifient en filets nerveux dans tout l'organisme.
Les plexus sont formés d'un entrelacement

Nerf optique

Plexus brachia.

Nerf radial

Nerf vague

Nerf phrénique

Nerf du grand pectoral

Nerfs intercostaux

Nerf grand abdomino-génital

Nerf musculocutané

Nerf circonflexe

Nerf radial

Ganglion spinal

mesureraient environ
75 km de long.

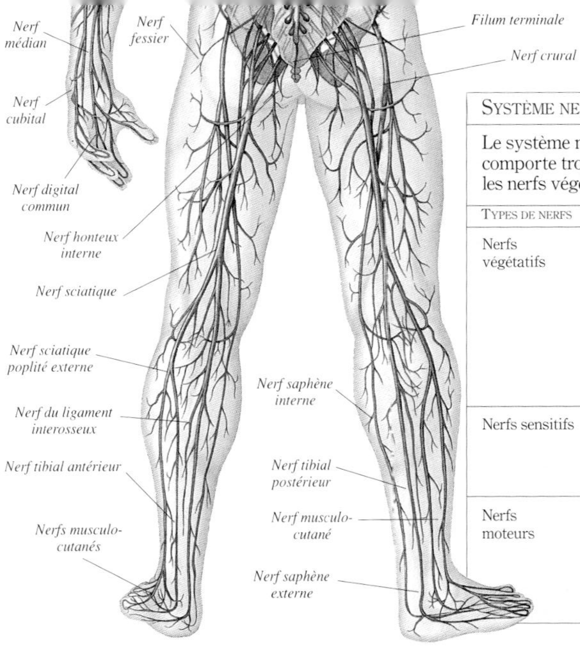

SYSTÈME NERVEUX PÉRIPHÉRIQUE

Le système nerveux périphérique comporte trois types de nerfs : les nerfs végétatifs, sensitifs et moteurs.

TYPES DE NERFS	FONCTIONS
Nerfs végétatifs	• Ils peuvent être sympathiques ou parasympathiques, aux fonctions opposées. • Contrôlent les mouvements involontaires. • Transmettent l'information venant du système nerveux central vers les organes, les glandes et le sang.
Nerfs sensitifs	• Transmettent les informations des récepteurs sensoriels vers le système nerveux central.
Nerfs moteurs	• Contrôlent les mouvements volontaires. • Transmettent aux muscles l'excitation motrice, en provenance du système nerveux central.

Filum terminale
Nerf crural
Nerf fessier
Nerf médian
Nerf cubital
Nerf digital commun
Nerf honteux interne
Nerf sciatique
Nerf sciatique poplité externe
Nerf du ligament interosseux
Nerf tibial antérieur
Nerfs musculo-cutanés
Nerf saphène interne
Nerf tibial postérieur
Nerf musculo-cutané
Nerf saphène externe

LE CERVEAU

Le cerveau est le centre de contrôle du corps. Encastré dans la boîte crânienne, il baigne dans le liquide céphalorachidien qui le protège en absorbant les ondes de choc. Le cerveau communique avec le reste du corps par les nerfs crâniens et la moelle épinière.

GAUCHE   DROIT

HÉMISPHÈRES CÉRÉBRAUX
Le cerveau est divisé en 2 hémisphères. L'hémisphère gauche, en général dominant, est le siège du langage et de la logique, tandis que le droit est le siège de la créativité.

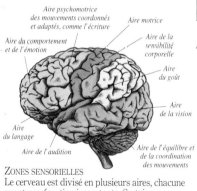

Aire psychomotrice des mouvements coordonnés et adaptés, comme l'écriture

Aire motrice

Aire du comportement et de l'émotion

Aire de la sensibilité corporelle

Aire du langage

Aire du goût

Aire de la vision

Aire de l'audition

Aire de l'équilibre et de la coordination des mouvements

Hémisphère cérébral droit

Substance blanche constituée de fibres nerveuses

Boîte crânienne

Cavité nasale

Substance grise (cortex) composée de cellules nerveuses

ZONES SENSORIELLES

Le cerveau est divisé en plusieurs aires, chacune ayant une fonction importante. Certaines, dites sensitives, reçoivent les informations en provenance des organes et des récepteurs sensoriels, et sont chargées d'interpréter les sensations. D'autres, les aires motrices, contrôlent le mouvement des muscles volontaires.

LA STRUCTURE

L'encéphale est constitué de 3 parties : le cerveau divisé en 2 hémisphères, au-dessous duquel se trouve le cervelet formé lui aussi de 2 lobes symétriques à la surface parcourue par des sillons, le tronc cérébral enfin, qui relie le cerveau à la moelle épinière.

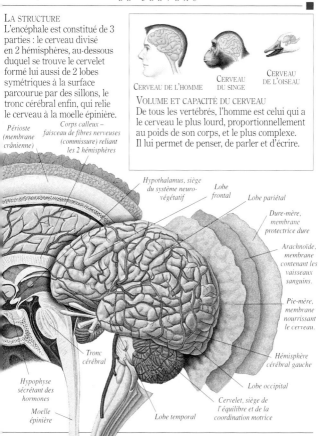

CERVEAU DE L'HOMME

CERVEAU DU SINGE

CERVEAU DE L'OISEAU

VOLUME ET CAPACITÉ DU CERVEAU

De tous les vertébrés, l'homme est celui qui a le cerveau le plus lourd, proportionnellement au poids de son corps, et le plus complexe. Il lui permet de penser, de parler et d'écrire.

Périoste (membrane crânienne)

Corps calleux – faisceau de fibres nerveuses (commissure) reliant les 2 hémisphères

Hypothalamus, siège du système neuro-végétatif

Lobe frontal

Lobe pariétal

Dure-mère, membrane protectrice dure

Arachnoïde, membrane contenant les vaisseaux sanguins.

Pie-mère, membrane nourrissant le cerveau.

Tronc cérébral

Hypophyse sécrétant des hormones

Moelle épinière

Lobe temporal

Cervelet, siège de l'équilibre et de la coordination motrice

Lobe occipital

Hémisphère cérébral gauche

Les neurones

Le système nerveux est composé de neurones. Les neurones moteurs conduisent les signaux venant du cerveau et de la moelle épinière (système nerveux central). Les neurones sensoriels transportent les informations du corps vers le système nerveux central.

Dentrite transmettant l'information au corps cellulaire.

Bouton synaptique à l'extrémité de l'axone

Axone transmettant l'influx nerveux.

Noyau

Corps cellulaire

Cellules gliales pourvues d'une gaine adipeuse (de myéline)

STRUCTURE DU NEURONE

Les dentrites, (ramifications) reçoivent les signaux des autres neurones et les transmettent au corps cellulaire, tandis que l'axone transmet en retour l'influx nerveux.

DIFFÉRENTS TYPES DE NEURONES
Le neurone unipolaire possède un seul axone doté de rameaux. Le neurone bipolaire possède un axone et une dentrite. Le neurone multipolaire possède un axone et plusieurs dentrites.

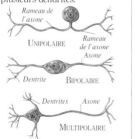

Rameau de l'axone

UNIPOLAIRE

Rameau de l'axone

Axone

Dentrite

BIPOLAIRE

Dentrites

Axone

MULTIPOLAIRE

LES CELLULES GLIALES

Le tissu nerveux est aussi constitué de cellules gliales qui ne conduisent pas l'influx nerveux. Elles ont un rôle de soutien, d'isolation, de lutte contre l'infection et de nutrition des neurones.

Les oligodendrocytes forment une gaine adipeuse isolante autour des axones.

Les astrocytes alimentent en sang le cerveau et la moelle épinière.

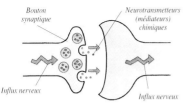

Bouton synaptique

Neurotransmetteurs (médiateurs) chimiques

Influx nerveux

Influx nerveux

LA SYNAPSE

C'est la zone de contact entre l'axone d'une cellule et la dentrite d'une autre. C'est au niveau des synapses que l'influx nerveux se transforme en neurotransmetteurs (médiateurs) chimiques. Au-delà de la synapse, ils redeviennent des influx électriques.

LE SAVIEZ-VOUS ?

• Une cellule cérébrale peut être en contact avec 25 000 autres.

• Les neurones ne se divisent pas ni ne se multiplient. Les neurones détruits ne sont pas remplacés.

• Une cellule cérébrale non oxygénée meurt au bout de 5 minutes.

ONDES ALPHA (VEILLE)

ONDES BÊTA (CONCENTRATION)

ONDES THÊTA (MÉDITATION)

ONDES DELTA (SOMMEIL PROFOND)

LES ONDES CÉRÉBRALES

Des millions d'influx nerveux circulent de neurone à neurone, produisant un champ électrique. Cette activité du cerveau peut être enregistrée sur un électro-encéphalogramme (EEG).

Un bébé dort de 14 à 16 heures par jour.

Un enfant de 3 ans dort 12 heures par jour.

Un adulte dort en moyenne de 7 à 8 heures par jour.

LE SOMMEIL

L'activité des neurones augmente pendant le sommeil, divisé en 2 phases : le sommeil paradoxal, période des rêves et où les yeux bougent sans cesse ; le sommeil lent profond, divisé lui-même en 4 cycles, le premier correspondant au sommeil le plus léger, le quatrième au sommeil le plus profond.

Les nerfs crâniens

Douze paires de nerfs crâniens partent du cerveau et du tronc cérébral. Ils conduisent les signaux moteurs aux muscles de la tête et du cou, ou reconduisent l'information sensorielle au cerveau à partir des organes des sens. D'autres contrôlent les expressions faciales.

BASE DU CERVEAU

Nerf olfactif (I), conduit les signaux olfactifs.

Nerf optique (II), contrôle la vision.

Nerfs moteur oculomoteur (III), moteur oculaire externe (VI) et trochléaire (IV), contrôlent le mouvement des yeux.

Nerf trijumeau (V), divisé en 3 branches sensorielles

Nerf facial (VII), conduit des fibres motrices et sensorielles.

Nerf spinal (XI), contrôle la parole.

Nerf auditif (VIII), contrôle l'audition et l'équilibre.

Nerfs grand hypoglosse (XII) et glosso-pharyngien (IX)

Nerf pneumogastrique (X), ou vague

LE SAVIEZ-VOUS ?

• Le nerf vague se ramifie dans le torse.

• Les nerfs crâniens font partie du système nerveux périphérique.

• 9 des 12 paires de nerfs crâniens conduisent des messages aux muscles.

LA STRUCTURE
Numérotés de I à XII en chiffres romains, les 12 paires de nerfs crâniens forment des réseaux symétriques en dessous du cerveau. Ils sortent de la tête par des trous situés à la base du crâne.

LES NERFS CRÂNIENS

BASE DU CERVEAU

FONCTIONS
Chaque nerf assure un certain nombre de fonctions, tels la vision, l'audition, l'équilibre, l'odorat ou le goût.

Le nerf achemine l'information des papilles du goût vers le cerveau.

Il contrôle la production de salive et de larmes et les muscles faciaux.

NERF FACIAL (VII)

Aire olfactive

Le nerf conduit l'information des récepteurs olfactifs du nez vers l'aire olfactive du cerveau.

NERF OLFACTIF (I)

L'oreille interne assure l'orientation.

Des nerfs conduisent l'information concernant l'audition et l'équilibre à partir de l'oreille interne.

NERF VESTIBULO-COCHLÉEN (VIII)

NERF OPTIQUE (II)

Le nerf conduit l'information des récepteurs situés dans la rétine de l'œil à l'aire de la vision du cerveau.

Nerfs contrôlant les muscles actionnant la déglutition.

Impliqués dans le goût, le toucher et la chaleur dans la bouche.

NERFS GLOSSO-PHARYNGIEN (IX) ET HYPOGLOSSE (XII)

NERFS MOTEUR OCULAIRE (III), TROCHLÉAIRE (IV) ET MOTEUR OCULAIRE EXTERNE (VI)

Les mouvements volontaires des muscles oculaires sont contrôlés par ces 3 paires de nerfs

Adaptation de la pupille et du cristallin

Le nerf régule de nombreuses fonctions automatiques comme le rythme cardiaque, la respiration et la sécrétion d'acides gastriques.

Impliqué aussi dans la parole

NERF VAGUE (X)

Chaque nerf possède 3 ramifications qui sensibilisent des parties du visage et contrôlent les muscles de la mastication.

NERF TRIJUMEAU (V)

Nerf contrôlant les muscles volontaires de la tête et du cou.

Ce nerf est aussi impliqué dans la parole.

NERF SPINAL (XI)

LA MOELLE ÉPINIÈRE

Constituée d'un épais faisceau de fibres nerveuses, elle émerge du trou occipital situé à la base du cerveau. Située dans le prolongement du cerveau, elle est protégée par le liquide céphalorachidien, trois membranes (méninges) et la colonne vertébrale. Elle transmet les messages entre le cerveau et les autres parties du corps.

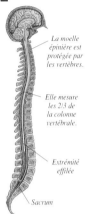

La moelle épinière est protégée par les vertèbres.

Elle mesure les 2/3 de la colonne vertébrale.

Extrémité effilée

Sacrum

LA POSITION

La moelle épinière se forme plus lentement que la colonne vertébrale et ne dépasse pas les deux tiers de sa longueur chez l'adulte.

Vertèbre

Substance blanche

Substance grise

3 membranes (méninges)

Le liquide céphalo-rachidien nourrit et protège la moelle épinière.

Racine postérieure sensitive

Racine antérieure motrice

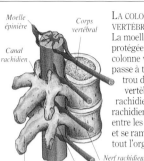

Moelle épinière
Corps vertébral
Canal rachidien
Apophyse épineuse
Arc vertébral
Nerf rachidien

LA COLONNE VERTÉBRALE

La moelle épinière, protégée par la colonne vertébrale, passe à travers le trou de chaque vertèbre, ou canal rachidien. Les nerfs rachidiens passent entre les vertèbres et se ramifient dans tout l'organisme.

LE SAVIEZ-VOUS ?

• La longueur de la moelle épinière d'un adulte est d'environ 43 cm.

• L'épaisseur de la moelle épinière est de 2 cm.

• La croissance de la moelle épinière s'arrête vers 4 ou 5 ans.

COUPE DE LA MOELLE ÉPINIÈRE

Elle est constituée de la substance grise, contenant les corps cellulaires nerveux, et de la substance blanche, qui contient les fibres cellulaires nerveuses (axones) pourvues de gaines adipeuses. En fusionnant, les racines sensitives et les racines motrices forment les 31 paires de nerfs rachidiens.

Nerf rachidien contenant des fibres motrices et sensorielles.

LE RÉFLEXE ROTULIEN

Genou *Moelle épinière* *Coup de pied*

Signaux des nerfs sensoriels *Signaux des nerfs moteurs*

La percussion du tendon rotulien fait retomber le genou.

Les signaux d'étirements arrivent à la moelle épinière, déclenchant le réflexe.

Les muscles du mollet se contractent et projettent la jambe en avant.

L'ARC RÉFLEXE

Un réflexe médullaire est une réaction involontaire à un stimulus, impliquant un arc réflexe passant par la moelle épinière. Réponse immédiate pour faire face à un éventuel danger, les signaux atteignent le cerveau en quelques millièmes de seconde. Le réflexe rotulien est un bon exemple de réflexe médullaire.

LES SENS

Les récepteurs sensoriels permettent de détecter les stimuli en provenance du corps et de l'extérieur. À côté des cinq sens – le goût, l'odorat, l'ouïe, le toucher et la vue –, il y a d'autres sens généraux comme l'équilibre et la douleur.

La peau

Barrière imperméable, la peau protège le corps des dommages physiques et des infections. Elle est sensible au toucher, régule la température du corps et se régénère.

COMPLEXE DE MERKEL

TERMINAISON NERVEUSE LIBRE

CORPUSCULE DE RUFFINI

TERMINAISONS SENSORIELLES
Contenues dans la peau, elles réagissent au toucher, au froid et au chaud, à la douleur. Elles envoient des signaux électriques au cerveau.

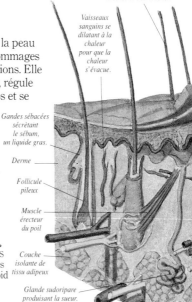

Le mouvement du poil donne la sensation du toucher.

Vaisseaux sanguins se dilatant à la chaleur pour que la chaleur s'évacue.

Gandes sébacées sécrétant le sébum, un liquide gras.

Derme

Follicule pileux

Muscle érecteur du poil

Couche isolante de tissu adipeux

Glande sudoripare produisant la sueur.

VOLUTE ARC

COMPOSITE BOUCLE

EMPREINTES DIGITALES
Plusieurs mois avant la naissance, des sillons se forment sur le bout des doigts. Ces dessins adhèrent aux surfaces glissantes et contiennent des conduits sudoripares. Les empreintes digitales sont propres à chaque individu.

> ### LE SAVIEZ-VOUS ?
>
> • La peau est l'organe le plus étendu du corps humain.
>
> • La superficie de la peau dépasse 2 m².
>
> • Le corps perd jusqu'à 18 kg de peau pendant une durée de vie moyenne.

Épiderme constitué de plusieurs couches de cellules aplaties.

Couche basale de l'épiderme produisant de nouvelles cellules.

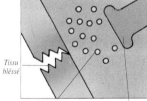

Tissu blessé

Agents chimiques   *Terminaison nerveuse*

LES BLESSURES
Les cellules de la peau sécrètent des substances stimulant les terminaisons détectrices de la douleur.

STRUCTURE DE LA PEAU
Elle est constituée de l'épiderme (couche supérieure), et du derme (couche interne), tissu vivant riche en nerfs, récepteurs sensoriels, glandes. Les cellules naissent à la base de l'épiderme et se déplacent vers la surface où, durcies et mortes, elles forment une couche cornée.

Récepteur sensoriel

La langue

Cet organe musculeux joue un rôle capital dans le langage et la déglutition. C'est aussi un organe du goût, grâce aux papilles gustatives qui analysent les aliments. Le goût et l'odorat sont intimement liés pour identifier les saveurs.

VUE MICROSCOPIQUE DE LA SURFACE DE LA LANGUE

LA STRUCTURE
Les papilles gustatives sont de petites éminences recouvrant la face supérieure de la langue. Elles détectent les 4 saveurs élémentaires : sucré, salé, acide et amer.

Arrière de la langue : sensible à l'amertume

Centre de la langue dépourvu de papilles

Côtés de la langue, vers l'arrière : sensibles à l'acidité

Côtés de la langue, vers l'avant : sensibles aux saveurs salées

Pointe de la langue : sensible aux saveurs sucrées

LE SAVIEZ-VOUS ?
• Le bébé a des papilles gustatives dans toute la bouche.
• La langue possède plus de 10 000 papilles.
• La durée de vie d'une cellule d'une papille gustative n'est que d'une semaine.

LES PAPILLES GUSTATIVES
Les cils sensoriels provenant du pore central de la papille baignent dans les substances dissoutes et détectent le goût.

Pore gustatif   *Cils gustatifs*

Fibres nerveuses

Tissu lingual

Le nez

Le nez perçoit les odeurs que libèrent les molécules de l'air. Elles se dissolvent dans les muqueuses nasales et stimulent les terminaisons olfactives. Analysées par la partie du cerveau qui est le siège de la mémoire et des émotions, les odeurs peuvent provoquer de fortes réactions émotionnelles.

LA STRUCTURE
Le nez est divisé en deux parties par la cloison nasale. La cavité nasale est recouverte de poils et de membranes qui sécrètent du mucus. Les cellules olfactives sont situées au fond des fosses nasales.

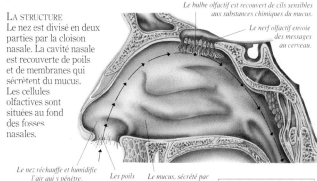

Le bulbe olfactif est recouvert de cils sensibles aux substances chimiques du mucus.

Le nerf olfactif envoie des messages au cerveau.

Le nez réchauffe et humidifie l'air qui y pénètre.

Les poils filtrent les particules de l'air.

Le mucus, sécrété par la muqueuse, piège les substances chimiques de l'air.

DIMINUTION DU SENS DE L'ODORAT

82%

38%

28%

20 ANS   60 ANS   80 ANS

L'ODORAT
L'odorat, très développé à la naissance, permet au bébé de reconnaître sa mère. Ce graphique montre comment il diminue avec l'âge.

LE SAVIEZ-VOUS ?

• On peut détecter de 2 000 à 4 000 odeurs différentes.

• Lorsqu'on renifle, les molécules de l'air sont analysées par les récepteurs olfactifs.

• Le cerveau nous permet de nous accoutumer aux odeurs.

L'oreille

L'ouïe et l'équilibre dépendent de la stimulation des cellules réceptrices de l'oreille interne. Les sons, créés par des ondes qui provoquent la vibration de l'air, déclenchent un mouvement de l'oreille externe vers l'oreille interne, où des cellules ciliées les transforment en signaux nerveux, interprétables par le cerveau.

STRUCTURE DE L'OREILLE
L'oreille se divise en trois parties : externe, moyenne et interne. L'oreille externe est composée du pavillon et du conduit auditif. Les parties fragiles de l'oreille sont protégées par les os du crâne.

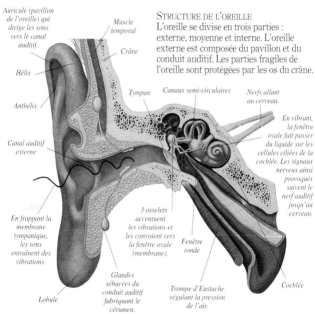

Auricule (pavillon de l'oreille) qui dirige les sons vers le canal auditif.

Muscle temporal

Crâne

Hélix

Anthélix

Canal auditif externe

Tympan

Canaux semi-circulaires

Nerfs allant au cerveau.

En vibrant, la fenêtre ovale fait passer du liquide sur les cellules ciliées de la cochlée. Les signaux nerveux ainsi provoqués suivent le nerf auditif jusqu'au cerveau.

En frappant la membrane tympanique, les sons entraînent des vibrations.

3 osselets accentuent les vibrations et les convoient vers la fenêtre ovale (membrane).

Fenêtre ronde

Glandes sébacées du conduit auditif fabriquant le cérumen.

Trompe d'Eustache régulant la pression de l'air.

Cochlée

Lobule

L'OREILLE MOYENNE

Elle renferme trois minuscules os, les osselets : le marteau, l'enclume et l'étrier. La pression de l'air sur le tympan est régulée par la trompe d'Eustache, qui relie l'oreille moyenne au rhino-pharynx.

Tympan

Marteau

Étrier

Enclume

Liquide (périlymphe) dans un entrelacs de canaux

Nerfs

Cochlée

Canaux semi-circulaires

L'OREILLE INTERNE

Le labyrinthe, ou oreille interne, comprend la cochlée qui recueille les sons, et trois canaux semi-circulaires. Les cellules ciliées perçoivent le mouvement et la vibration, et envoient l'influx nerveux au cerveau.

LES NIVEAUX DE BRUIT

L'intensité du bruit se mesure en décibels (dB). Les sons au-dessus de 130 dB peuvent être dommageables pour l'oreille et provoquer la surdité.

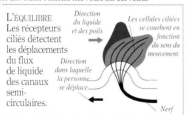

Avion à 100 m

120

Marteau piqueur

70

Circulation dense

Bureau

Rue tranquille

20

Décibels

L'ÉQUILIBRE

Les récepteurs ciliés détectent les déplacements du flux de liquide des canaux semi-circulaires.

Direction du liquide et des poils

Les cellules ciliées se courbent en fonction du sens du mouvement.

Direction dans laquelle la personne se déplace

Nerf

COMPARAISON DU NIVEAU DE BRUIT

Chuchotement

L'œil

La lumière qui pénètre dans l'œil est réfractée par le cristallin et forme une image inversée sur la rétine. L'image stimule des cellules visuelles (cônes et bâtonnets), qui transmettent des signaux au cerveau. Les cônes permettent de voir les couleurs, et les bâtonnets qui ne perçoivent que le noir et le blanc, détectent les lumières faibles.

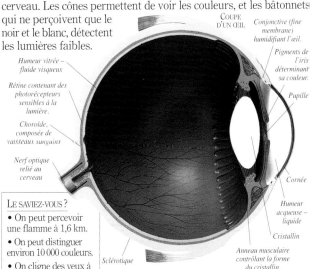

COUPE D'UN ŒIL

Conjonctive (fine membrane) humidifiant l'œil.

Pigments de l'iris déterminant sa couleur.

Pupille

Humeur vitrée – fluide visqueux

Rétine contenant des photorécepteurs sensibles à la lumière.

Choroïde, composée de vaisseaux sanguins

Nerf optique relié au cerveau

Cornée

Humeur acqueuse – liquide

Cristallin

Anneau musculaire contrôlant la forme du cristallin.

Sclérotique

LE SAVIEZ-VOUS ?

• On peut percevoir une flamme à 1,6 km.

• On peut distinguer environ 10 000 couleurs.

• On cligne des yeux à peu près 15 fois par minute.

• Une personne sur 30 (dont un homme sur 12) ne peut pas voir les couleurs.

STRUCTURE DE L'ŒIL

Le globe oculaire, divisé par le cristallin en 2 compartiments, possède 3 membranes : la sclérotique dure (enveloppe externe ou blanc de l'œil) ; la choroïde, composée de vaisseaux sanguins ; et la rétine, qui contient les cellules visuelles. La cornée transparente protège l'œil et permet de réfracter la lumière.

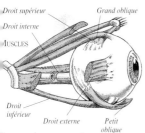

Droit supérieur — Grand oblique
Droit interne
MUSCLES
Droit inférieur
Droit externe — Petit oblique

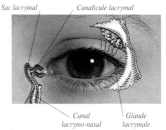

Sac lacrymal — Canalicule lacrymal
Canal lacrymo-nasal — Glande lacrymale

LE MOUVEMENT DE L'ŒIL

Six muscles attachés à la sclérotique permettent au globe oculaire de diriger les yeux dans la même direction. Si un muscle est défaillant, les yeux bougent séparément, causant un strabisme.

LES LARMES

Les larmes humidifient l'œil et le protègent des infections grâce au lysozyme, une enzyme anti-bactérienne. Un trop plein de larmes s'écoule dans le nez par le canal lacrymo-nasal.

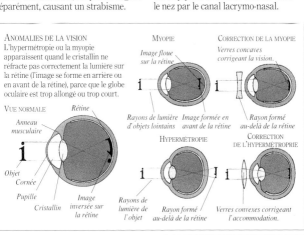

ANOMALIES DE LA VISION

L'hypermétropie ou la myopie apparaissent quand le cristallin ne réfracte pas correctement la lumière sur la rétine (l'image se forme en arrière ou en avant de la rétine), parce que le globe oculaire est trop allongé ou trop court.

VUE NORMALE — Rétine
Anneau musculaire
Objet
Cornée
Pupille
Cristallin — Image inversée sur la rétine

MYOPIE
Image floue sur la rétine
Rayons de lumière d'objets lointains — Image formée en avant de la rétine

CORRECTION DE LA MYOPIE
Verres concaves corrigeant la vision.
Rayon formé au-delà de la rétine

HYPERMÉTROPIE
Rayons de lumière de l'objet — Rayon formé au-delà de la rétine

CORRECTION DE L'HYPERMÉTROPIE
Verres convexes corrigeant l'accommodation.

LE CŒUR, LE SANG ET LES POUMONS

LE SYSTÈME CARDIO-VASCULAIRE 62
LE CŒUR 64
LE SANG 66
LA LUTTE CONTRE L'INFECTION 68
LE SYSTÈME ENDOCRINIEN 72
LE SYSTÈME RESPIRATOIRE 76

LE SYSTÈME CARDIO-VASCULAIRE

Constitué du cœur, du sang et des vaisseaux sanguins, il alimente l'organisme en oxygène, substances nutritives et enzymes indispensables à son fonctionnement. Il assure également l'évacuation des déchets et du gaz carbonique. Les artères mènent le sang du cœur vers les organes, les veines le ramènent au cœur.

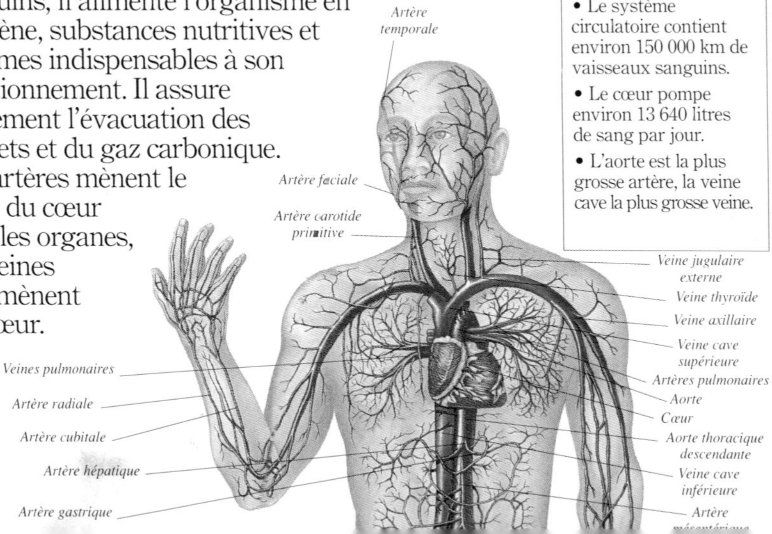

Artère temporale
Artère faciale
Artère carotide primitive
Veines pulmonaires
Artère radiale
Artère cubitale
Artère hépatique
Artère gastrique
Veine jugulaire externe
Veine thyroïde
Veine axillaire
Veine cave supérieure
Artères pulmonaires
Aorte
Cœur
Aorte thoracique descendante
Veine cave inférieure
Artère

LE SAVIEZ-VOUS ?

- Le système circulatoire contient environ 150 000 km de vaisseaux sanguins.
- Le cœur pompe environ 13 640 litres de sang par jour.
- L'aorte est la plus grosse artère, la veine cave la plus grosse veine.

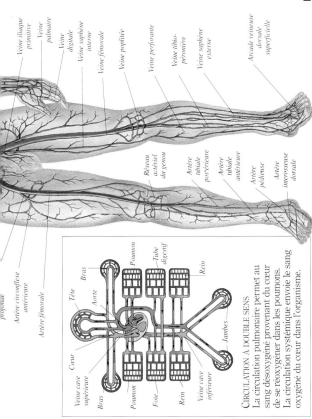

Veine iliaque primitive
Veine pulmonaire
Veine digitale
Veine saphène interne
Veine fémorale
Veine poplitée
Veine perforante
Veine tibio-péronière
Veine saphène externe
Arcade veineuse dorsale superficielle

Réseau artériel du genou
Artère tibiale postérieure
Artère tibiale antérieure
Artère pédieuse
Artère interosseuse dorsale

poplitée
Artère circonflexe antérieure
Artère fémorale

CIRCULATION À DOUBLE SENS
La circulation pulmonaire permet au sang désoxygéné provenant du cœur de se réoxygéner dans les poumons. La circulation systémique envoie le sang oxygéné du cœur dans l'organisme.

Poumon
Tube digestif
Rein
Tête
Bras
Aorte
Cœur
Veine cave supérieure
Bras
Poumon
Foie
Rein
Veine cave inférieure
Jambes

6 3

LE CŒUR

Faisant office de pompe, le cœur est un muscle de la taille du poing divisé en deux côtés, droit et gauche. Chaque côté a une cavité supérieure, l'oreillette, et une cavité inférieure, le ventricule. Elles se contractent et se relâchent environ 70 fois par minute pour assurer la circulation du sang.

LE CŒUR EST SITUÉ AU MILIEU DE LA POITRINE

LA STRUCTURE
Une épaisse cloison musculaire, le septum, divise le cœur en 2 parties. Bien que l'oreillette possède des parois plus fines que le ventricule, toutes les chambres contiennent la même quantité de sang : de 70 à 80 ml.

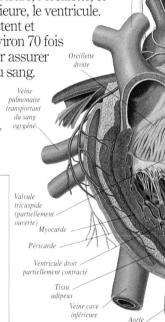

Veine cave supérieure

Oreillette droite

Veine pulmonaire transportant du sang oxygéné.

Valvule tricuspide (partiellement ouverte)

Myocarde

Péricarde

Ventricule droit partiellement contracté

Tissu adipeux

Veine cave inférieure

Aorte

VALVULE OUVERTE   VALVULE FERMÉE

LES VALVULES DU CŒUR
Les 4 principales valvules (mitrale, tricuspide, pulmonaire et aortique) s'ouvrent pour laisser passer le sang, puis se referment pour éviter qu'il ne refle. Ainsi, le sang circule toujours dans le même direction.

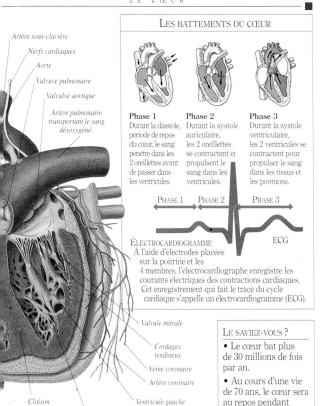

Artère sous-clavière

Nerfs cardiaques

Aorte

Valvuve pulmonaire

Valvuve aortique

Artère pulmonaire transportant le sang désoxygéné.

LES BATTEMENTS DU CŒUR

Phase 1
Durant la diastole, période de repos du cœur, le sang pénètre dans les 2 oreillettes avant de passer dans les ventricules.

Phase 2
Durant la systole auriculaire, les 2 oreillettes se contractent et propulsent le sang dans les ventricules.

Phase 3
Durant la systole ventriculaire, les 2 ventricules se contractent pour propulser le sang dans les tissus et les poumons.

PHASE 1 → ← PHASE 2 → ← PHASE 3

ÉLECTROCARDIOGRAMME   ECG
À l'aide d'électrodes placées sur la poitrine et les 4 membres, l'électrocardiographe enregistre les courants électriques des contractions cardiaques. Cet enregistrement qui fait le tracé du cycle cardiaque s'appelle un électrocardiogramme (ECG).

Valvule mitrale

Cordages tendineux

Veine coronaire

Artère coronaire

Cloison interventriculaire

Ventricule gauche

Pilier supportant les tendons de la valve

LE SAVIEZ-VOUS ?

• Le cœur bat plus de 30 millions de fois par an.

• Au cours d'une vie de 70 ans, le cœur sera au repos pendant 40 ans.

LE SANG

Tous les tissus sont irrigués par le sang, même les os. Il est constitué de plasma contenant des éléments en suspension : globules rouges (érythrocytes ou hématies), globules blancs (leucocytes) et fragments cellulaires (plaquettes). Il contient également des sels minéraux, des lipides, du glucose, des protéines et des hormones.

Plaquette

LES CELLULES DU SANG
Les globules rouges, qui oxygènent l'organisme, ont une forme adaptable au plus petit vaisseau sanguin, le capillaire.

Artériole

RÉSEAU DES VAISSEAUX SANGUINS

Veinule

Fibres musculaires autour d'une artériole

Artère

Épaisse cloison artérielle

Réseau de capillaires

Fine cloison veineuse

Fibres musculaires lisses permettant à l'artère de se dilater et de se contracter pour réguler le flot sanguin.

LES ARTÈRES
Elles conduisent le sang du cœur vers les organes et doivent avoir des parois épaisses et élastiques pour supporter la pression du flot sanguin pulsé par le cœur. Elles véhiculent un sang bien rouge, riche en oxygène.

Veinule transportant le sang désoxygéné.

LES VEINES

Elles ramènent le sang au cœur avec une pression assez faible, et sont dotées de parois plus fines que les artères. Mis à part celles transportant le sang en provenance des poumons, elles véhiculent le sang privé d'oxygène, qui paraît bleu.

Une veinule est une petite veine.

Valvule empêchant le sang de refluer dans la veine.

Une veinule est une ramification d'une veine.

LES VAISSEAUX SANGUINS

Les artères se ramifient en artérioles reliées à un réseau de capillaires dont les fines parois laissent passer l'oxygène et les nutriments. Les capillaires renvoient le sang désoxygéné aux veinules qui les propulsent dans les veines.

ITINÉRAIRE DU SANG DANS LES VAISSEAUX

Veine

Artère

Fibres musculaires

Artériole

Capillaire

Veinule

LA COAGULATION

Quand les tissus sont endommagés, un caillot se forme pour arrêter l'hémorragie.

Filaments de fibrine

Peau

Vaisseau sanguin

Plaquette

Globule rouge

Les tissus endommagés fabriquent des enzymes qui attirent les plaquettes. Elles s'assemblent, et forment un réseau fibreux.

Globules blancs attaquant les germes

Croûte

Plaquette

Les globules rouges enserrés dans les filaments forment un caillot. En séchant, ils forment une croûte qui protège la plaie.

LA LUTTE CONTRE L'INFECTION

La barrière de la peau, la production d'enzymes et de cellules germicides constituent les moyens de défense du corps contre l'infection. Des fluides (ou liquides) passent du sang dans les tissus (du corps) puis sont drainés par le système lymphatique (là où sont concentrées les cellules immunitaires) où ils sont épurés avant de rejoindre la circulation sanguine.

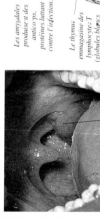

VAISSEAUX ET ORGANES DU SYSTÈME LYMPHATIQUE

Ganglion sus-épitrochléens irriguant l'avant-bras.

Ganglion axillaire irriguant le haut du bras.

Canal thoracique débouchant dans la veine sous-clavière gauche et réexpédiant la lymphe dans le système sanguin.

Rate emmagasinant des lymphocytes.

Troncs collecteurs aboutissant dans le canal thoracique.

Végétations adénoïdes produisant des anticorps.

Les amygdales produisent des anticorps, protéines luttant contre l'infection.

Le thymus emmagasine des lymphocytes T (globules blancs) qui attaquent les organismes étrangers).

LES AMYGDALES
Lors de l'infection de la lymphe buccale, les amygdales enflent, deviennent douloureuses à mesure que les cellules immunitaires se multiplient

Amygdale

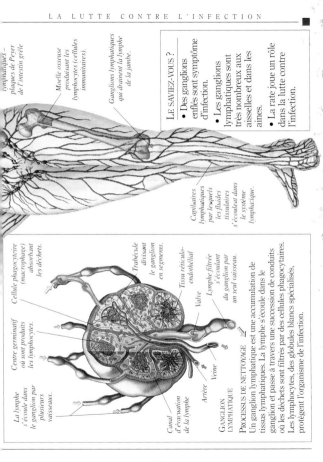

lymphatiques – plaques de Peyer de l'intestin grêle.

Moelle osseuse produisant les lymphocytes (cellules immunitaires).

Ganglions lymphatiques qui drainent la lymphe de la jambe.

LE SAVIEZ-VOUS ?

- Des ganglions enflés sont symptôme d'infection.
- Les ganglions lymphatiques sont très nombreux aux aisselles et dans les aines.
- La rate joue un rôle dans la lutte contre l'infection.

Capillaires lymphatiques par lesquels les fluides tissulaires s'écoulent dans le système lymphatique.

Trabécule divisant le ganglion en segments.

Cellule phagocytaire (macrophage) absorbant les déchets.

Tissu réticulo-endothélial

Centre germinatif où sont produits les lymphocytes.

Lymphe filtrée s'écoulant du ganglion par un seul vaisseau.

Valve

La lymphe s'écoule dans le ganglion par plusieurs vaisseaux.

Veine

Artère

GANGLION LYMPHATIQUE

Canal d'évacuation de la lymphe

PROCESSUS DE NETTOYAGE
Un ganglion lymphatique est une accumulation de tissus lymphatiques. La lymphe s'écoule dans le ganglion et passe à travers une succession de conduits où les déchets sont filtrés par des cellules phagocytaires. Les lymphocytes, des globules blancs spécialisés, protègent l'organisme de l'infection.

Le système immunitaire

Des cellules spécialisées luttent contre les maladies en attaquant les éléments hostiles : bactéries, virus et protéines étrangères (comme les poisons et les implants tissulaires). Les cellules de l'organisme possèdent des membranes qui permettent aux cellules immunitaires de reconnaître les cellules saines, mais de détruire les cellules infectées ou cancéreuses.

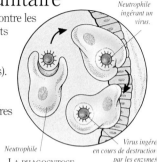

Neutrophile ingérant un virus.

Neutrophile

Virus ingéré en cours de destruction par les enzymes

LA PHAGOCYTOSE

Les neutrophiles et les macrophages sont des cellules phagocytaires. Elles ingèrent les substances étrangères.

LES GLOBULES BLANCS	
Toutes les cellules immunitaires sont fabriquées par la moelle osseuse et le thymus. Elles produisent un ensemble de sécrétions (cytokine) qui, avec d'autres cellules immunitaires, collaborent à la défense de l'organisme.	
NOM	FONCTION
Neutrophiles	Constituent environ 60 % des globules blancs qui détruisent les bactéries.
Macrophages	Cellules phagocytaires qui se nourrissent de particules étrangères.
Lymphocytes B (cellules B)	Chaque lymphocyte B fabrique un seul type d'anticorps spécifique.
Lymphocytes T (cellules C)	Contrôlent la production d'anticorps des cellules B et attaquent l'infection.

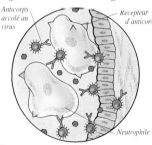

Anticorps accolé au virus

Récepteur d'anticor...

Neutrophile

LES ANTICORPS

Les cellules B fabriquent des anticorps qu... attaquent les corps étrangers comme les virus. Ces anticorps peuvent s'unir à des neutrophiles pour accélérer la phagocytos...

L'IMMUNISATION

L'immunisation active (injection d'agents inoffensifs simulant l'infection) assure une protection à long terme. L'immunisation passive (injection d'anticorps provenant d'individus récemment infectés) dure quelques semaines.

IMMUNISATION ACTIVE

Vaccin sous-cutané

Un vaccin contient des agents inoffensifs ou morts qui ne peuvent diffuser la maladie.

Anticorps   *Vaccin*

Un vaccin stimule la production d'anticorps par les cellules B.

Le vaccin permet une réponse immunitaire rapide lors d'un risque de maladie réel.

IMMUNISATION PASSIVE

Extraction des anticorps

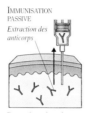

Des volontaires donnent du sang contenant des anticorps.

Anticorps

Les anticorps sont injectés chez le patient.

Infection réelle

Si l'infection se manifeste assez rapidement, les anticorps l'éliminent.

LE VIRUS DU SIDA

Le virus HIV, responsable du Sida (syndrome d'immunodéficience acquise), détruit les cellules T qui aident les autres cellules immunitaires à fonctionner. L'organisme devenu trop faible ne peut plus se défendre contre les infections.

LE SYSTÈME ENDOCRINIEN

Le corps possède deux types de glandes : les glandes exocrines qui sécrètent des substances comme la salive, et les glandes endocrines qui sécrètent des hormones directement dans le sang. Les hormones sont des messagers chimiques qui stimulent, régulent et coordonnent le métabolisme (réactions biochimiques se produisant dans l'organisme).

Les hormones sécrétées par l'hypothalamus stimulent la fabrication des autres hormones.

L'épiphyse produit la mélatonine qui joue un rôle dans les mécanismes du sommeil et de l'éveil.

L'hypophyse, la glande endocrine principale, joue un rôle dans la régulation des sécrétions hormonales qui agissent sur les autres glandes endocrines.

La glande thyroïde produit la thyroxine, hormone favorisant la croissance, et la calcitonine, qui diminue le taux de calcium dans le sang.

Les glandes parathyroïdes, sécrètent la parathormone, hormone qui augmente le taux de calcium dans le sang.

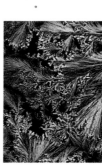

LES CRISTAUX D'ADRÉNALINE

Les hormones cristallisées sont étudiées en laboratoire. L'adrénaline, une hormone sécrétée par les glandes surrénales, agit en corrélation avec le système nerveux pour préparer l'organisme à lutter contre les

les peptides auriculaires, hormones qui régularisent la pression artérielle et la teneur du corps en eau.

Il y a 2 glandes surrénales au-dessus des reins.

Les reins produisent l'érythropoïétine qui favorise la production de globules rouges par la moelle osseuse.

Le pancréas produit le glucagon et l'insuline qui régulent le sucre dans le sang.

L'estomac et les intestins sécrètent des hormones qui facilitent la digestion.

L'ovaire fabrique les hormones sexuelles féminines, la progestérone et l'œstrogène, indispensables à la reproduction.

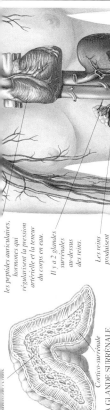

Cortico-surrénale

LA GLANDE SURRÉNALE
L'enveloppe extérieure de la glande surrénale (cortex) produit des corticoïdes, hormones qui agissent sur le métabolisme et la concentration des sels dans le sang. La médullo-surrénale, la partie interne, sécrète l'adrénaline.

LE SAVIEZ-VOUS ?
• L'adrénaline décuple les forces dans des situations d'urgence.
• Une sécrétion d'hormones de croissance excessive par l'hypophyse peut entraîner le gigantisme.

L'hypophyse

Souvent appelée glande majeure, l'hypophyse est la glande
endocrine qui a le rôle le plus important. Elle produit ses propres
hormones ; celles-ci stimulent la production d'hormones des autres
glandes endocrines. L'hypophyse est logée au-dessous
de l'hypothalamus, région du cerveau qui relie les systèmes
nerveux et
endocrinien.

ANATOMIE DE
L'HYPOPHYSE
De la taille
d'un petit pois, elle est
composée de deux parties
principales : les lobes
antérieur et postérieur.
Le lobe antérieur fabrique
ses propres hormones. Le
lobe postérieur, plus petit,
emmagasine les hormones
sécrétées dans
l'hypothalamus. Elle
possède aussi un lobe
intermédiaire,
minuscule.

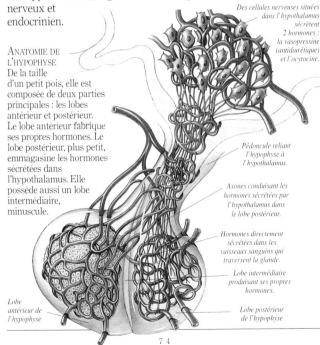

*Des cellules nerveuses situées
dans l'hypothalamus
sécrètent
2 hormones :
la vasopressine
(antidiurétique)
et l'ocytocine.*

*Pédoncule reliant
l'hypophyse à
l'hypothalamus.*

*Axones conduisant les
hormones sécrétées par
l'hypothalamus dans
le lobe postérieur.*

*Hormones directement
sécrétées dans les
vaisseaux sanguins qui
traversent la glande.*

*Lobe intermédiaire
produisant ses propres
hormones.*

*Lobe
antérieur de
l'hypophyse*

*Lobe postérieur
de l'hypophyse*

EFFETS DE CERTAINES HORMONES HYPOPHYSAIRES

HORMONE HYPOPHYSAIRE	GLANDE OU TISSU CONCERNÉS	ACTION
ACTH Adrénocorticotrophine ou hormone corticotrope	GLANDE SURRÉNALE	Stimule la production d'hormones stéroïdes qui jouent un rôle dans le métabolisme des graisses, des protéines et des minéraux et permettent à l'organisme de réagir au stress.
Ocytocine et prolactine	MUSCLES UTÉRINS ET GLANDES MAMMAIRES	La prolactine déclenche la lactation après la grossesse, qui continue jusqu'au sevrage. L'ocytocine stimule les contractions utérines lors de l'accouchement.
Hormone thyréotrope	GLANDE THYROIDE	Stimule la sécrétion d'hormones thyroïdiennes qui augmentent le métabolisme de base et favorisent la croissance. Elle participe aussi à la régulation du rythme cardiaque.
FSH ET LH Hormone folliculostimulante et Hormone lutéinisante	TESTICULES ET OVAIRES	Ces 2 hormones hypophysaires stimulent la sécrétion d'hormones sexuelles. Les glandes génitales contrôlent le développement sexuel, la libération des ovules et du sperme.
ADH Vasopressine, hormone antidiurétique	TUBULES RÉNAUX	Agit directement sur le rein pour contrôler la quantité d'eau contenue dans les urines. L'ADH est aussi la cause du rétrécissement des petites artères en cas d'hypotension.
Hormone mélanotrope	PEAU	Agit directement sur la pigmentation de la peau en stimulant la production de mélanine, un pigment qui fournit une certaine protection contre les effets nocifs des rayons solaires.
Hormone de croissance	OS ET CROISSANCE	Joue un rôle important dans le mécanisme de croissance en stimulant la division cellulaire. Vitale pour la croissance et le développement de l'enfant.

LE SYSTÈME RESPIRATOIRE

L'apport régulier d'oxygène est vital pour l'organisme. L'air est filtré par le nez et la bouche, il circule ensuite dans trachée avant d'arriver aux poumons. La trachée se divise en deux bronches principales, droite et gauche, ramifiées en bronchioles, à l'extrémité desquelles se situent de minuscules cavités remplies d'air, les alvéoles.

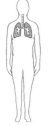

LES POUMONS SONT AU MILIEU DE LA POITRINE

LE LARYNX

Fait de cartilage, le larynx relie le fond de la gorge à la trachée. Un opercule protecteur, l'épiglotte, et les fausses cordes vocales assurent la fermeture du larynx au moment de la déglutition, pour empêcher le passage de la nourriture.

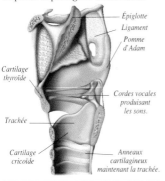

Épiglotte

Ligament

Pomme d'Adam

Cartilage thyroïde

Cordes vocales produisant les sons.

Trachée

Cartilage cricoïde

Anneaux cartilagineux maintenant la trachée.

CORDES VOCALES ÉCARTÉES
Au repos, les cordes vocales s'écartent

CORDES VOCALES RAPPROCHÉES
L'air passant à travers les cordes rapprochées produit un son.

LES CORDES VOCALES

Les cordes vocales vibrent et produisent des sons au passage de l'air. Ces sons sont modulés par la bouche et la langue pour produire la parole. Les sons aigus sont émis en étirant les cordes, les sons graves en les relâchant.

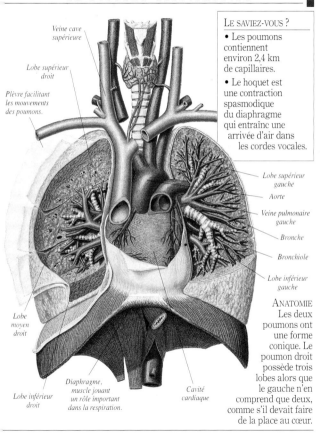

Veine cave supérieure

Lobe supérieur droit

Plèvre facilitant les mouvements des poumons.

Lobe moyen droit

Lobe inférieur droit

Diaphragme, muscle jouant un rôle important dans la respiration.

Cavité cardiaque

Lobe supérieur gauche

Aorte

Veine pulmonaire gauche

Bronche

Bronchiole

Lobe inférieur gauche

LE SAVIEZ-VOUS ?

• Les poumons contiennent environ 2,4 km de capillaires.

• Le hoquet est une contraction spasmodique du diaphragme qui entraîne une arrivée d'air dans les cordes vocales.

ANATOMIE

Les deux poumons ont une forme conique. Le poumon droit possède trois lobes alors que le gauche n'en comprend que deux, comme s'il devait faire de la place au cœur.

Le rôle des poumons

C'est grâce à la contraction et à la dilatation du diaphragme que l'air est inhalé et expiré. L'air inspiré passe dans les bronches, puis débouche dans de minuscules cavités, les alvéoles. En traversant la fine membrane alvéolaire, il passe dans le sang et l'oxygène. Il en ressort chargé de gaz carbonique.

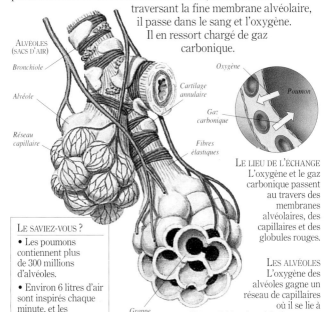

ALVÉOLES
(SACS D'AIR)

Bronchiole

Alvéole

Réseau capillaire

Cartilage annulaire

Gaz carbonique

Fibres élastiques

Oxygène

Poumon

Grappe d'alvéoles

LE SAVIEZ-VOUS ?

• Les poumons contiennent plus de 300 millions d'alvéoles.

• Environ 6 litres d'air sont inspirés chaque minute, et les poumons d'un adulte contiennent en moyenne 3 litres d'air.

LE LIEU DE L'ÉCHANGE
L'oxygène et le gaz carbonique passent au travers des membranes alvéolaires, des capillaires et des globules rouges.

LES ALVÉOLES
L'oxygène des alvéoles gagne un réseau de capillaires où il se lie à l'hémoglobine des globules rouges. Le gaz carbonique, qui sera rejeté, effectue le chemin inverse – du sang vers les alvéoles.

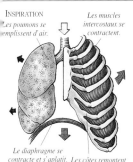

INSPIRATION
Les poumons se
remplissent d'air.

Les muscles
intercostaux se
contractent.

Le diaphragme se
contracte et s'aplatit.

Les côtes remontent
et s'ouvrent.

L'INSPIRATION

Le diaphragme se contracte, la cage thoracique se gonfle d'air, la pression dans la poitrine chute et l'air rentre dans les poumons.

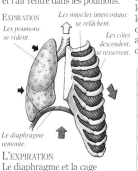

EXPIRATION
Les poumons
se vident.

Les muscles intercostaux
se relâchent.

Les côtes
descendent,
se resserrent.

Le diaphragme
remonte.

L'EXPIRATION

Le diaphragme et la cage thoracique se relâchent, la pression emmagasinée dans la poitrine expulse l'air.

COMPOSITION DE L'AIR

Gaz carbonique
0,03 % — Oxygène 21 %

Azote 78 %

COMPOSITION DE L'AIR INSPIRÉ

Gaz carbonique 5 % Oxygène 16 %

Azote 79 %

COMPOSITION DE L'AIR EXPULSÉ

L'AIR

Dans le bouche-à-bouche, c'est l'oxygène contenu dans l'air qu'on lui insuffle qui ranime une personne asphyxiée.

LE TABAC

La fumée de cigarettes irrite les poumons et pénètre dans le sang. Associé à 90 % des cas de cancers, le tabac augmente les risques d'hypertension mais aussi d'accidents cardio-vasculaires.

DÉPÔTS TABAGIQUES
DANS UN POUMON

PROBLÈMES RESPIRATOIRES FRÉQUENTS

AFFECTION	SYMPTÔMES
Asthme	Resserrement des bronchioles qui entraîne toux et insuffisance respiratoire.
Bronchite aiguë	Inflammation temporaire des bronches (origine infectieuse).
Bronchite chronique	Inflammation chronique des bronches (due au tabagisme).
Emphysème	Destruction de la structure alvéolaire (tabagisme) et insuffisance respiratoire.
Pneumonie	Alvéoles pleins de fluide et de globules blancs détruits (infection bactérienne).

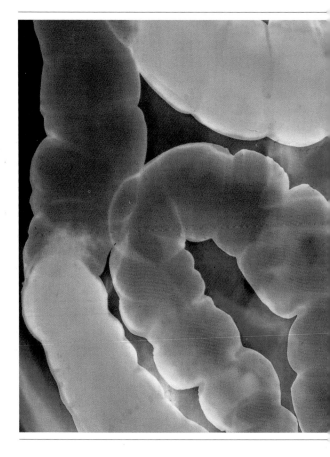

LA DIGESTION

LE SYSTÈME DIGESTIF 82
LA BOUCHE ET LES DENTS 84
L'ESTOMAC 86
LES INTESTINS 88
LE FOIE ET LE PANCRÉAS 90
LE SYSTÈME URINAIRE 92

Épiglotte assurant l'occlusion de la trachée pendant la déglutition

Mastication – broyage des aliments

Production d'enzymes par les glandes salivaires qui décomposent l'amidon.

Déglutition du bol alimentaire

LE SYSTÈME DIGESTIF

La nourriture doit être transformée en infimes particules pour être assimilée par l'organisme. Ce processus de digestion commence par la salivation. Lors de sa progression dans le corps, la nourriture est réduite en bouillie par les sucs digestifs. Les résidus non digérés forment les selles, qui transitent dans le côlon et sont évacuées.

Contractions musculaires conduisant le bol alimentaire dans l'œsophage puis dans l'estomac.

Le bol alimentaire est mixé et réduit en bouillie dans l'estomac

Sécrétion par le foie de la bile qui décompose la graisse en minuscules globules.

Concentration de la bile dans la vésicule biliaire

Sécrétion par le pancréas du suc pancréatique qui décompose l'amidon, les lipides et le sucre.

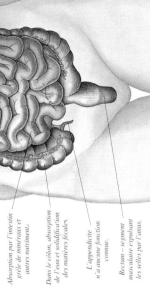

Absorption par l'intestin grêle de minéraux et autres nutriments.

Dans le côlon, absorption de l'eau et solidification des matières fécales.

L'appendicite n'a aucune fonction connue.

Rectum – segment musculaire expulsant les selles par l'anus.

LE PARCOURS DIGESTIF

Le tube digestif, qui va de la bouche à l'anus, mesure environ 9 m de long. La nourriture descend dans l'œsophage jusqu'à l'estomac, puis elle s'introduit dans l'intestin grêle, constitué du duodénum, du jéjunum et de l'iléon, et dans le côlon (gros intestin) que termine le rectum. Plusieurs organes et glandes participent à la digestion.

TRANSFORMATION DE LA NOURRITURE

GLANDES	SÉCRÉTION	ENZYMES SÉCRÉTÉES	ACTION SUR	PRODUCTION
Salivaires (bouche)	Salive	Amylase	Amidon	Maltose
Gastriques (estomac)	Sucs gastriques	Pepsine, lipase	Protides, lipides	Acides aminés et acides gras
Pancréas	Sucs pancréatiques	Trypsine, élastase, lipase, amylase	Protides, lipides, amidon	Acides aminés, acides gras et maltose
Intestin grêle	Sucs entériques	Saccharase, lactase, peptidase, lipase	Saccharose, lactose, protides, lipides	Galactose, acides aminés et acides gras
Côlon (gros intestin)	Sécrétions bactériennes	Enzymes bactériennes	Fibres végétales non digérées	Gaz et produits de fermentation

83

LA BOUCHE ET LES DENTS

Utilisée pour de multiples fonctions, dont la respiration et la parole, la bouche est l'entrée du tube digestif. Durant les repas, les dents broient les aliments. La salive les humecte et la langue les façonne en une petite boule, le bol alimentaire, qu'elle pousse au fond de la bouche pour la déglutition.

Canine pointue

Petite prémolaire

Grosse molaire

Incisive (coupante)

Les gencives ont un rôle d'amortisseurs.

Émail

Dentine – tissu plus mou

Nerf

Cavité pulpaire

Gencive

Ligament

Os de la mâchoire

Racine

Canal de la racine

MÂCHOIRE D'UN NOUVEAU-NÉ (DENTS DE LAIT EN GRIS)

DENTS D'UN ENFANT DE 3 ANS (DENTS DEFINITIVES EN BLEU)

DENTS D'UN ENFANT DE 9 ANS

CROISSANCE DES DENTS

À la naissance, les dents sont de minuscules bourgeons sur les maxillaires. Les 20 dents de lait apparaissent entre 6 mois et 3 ans. Les 32 dents définitives se développent entre 6 et 20 ans.

LES DENTS

Il existe trois types de dents : les incisives aux bords coupants, les canines pointues servant à déchirer et les molaires plates qui servent à broyer. Les dents faites d'ivoire sont recouvertes d'émail, la substance la plus dure du corps humain.

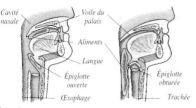

Cavité nasale · Voile du palais · Aliments · Langue · Épiglotte ouverte · Œsophage · Épiglotte obturée · Trachée

LA DÉGLUTITION

Quand les aliments atteignent le fond de la bouche, le processus de déglutition se met en marche. Une suite de contractions musculaires automatiques propulsent les aliments dans l'œsophage, conduit musculaire qui aboutit à l'estomac.

LE SAVIEZ-VOUS ?

• Certaines personnes ne développent jamais les troisièmes molaires (dents de sagesse).

• Les acides sécrétés dans la bouche par les bactéries pour digérer les sucres sont responsables des caries.

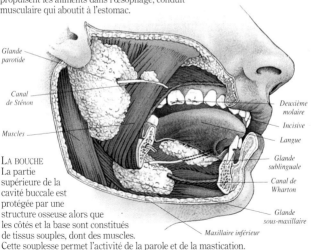

Glande parotide · Canal de Sténon · Muscles · Deuxième molaire · Incisive · Langue · Glande sublinguale · Canal de Wharton · Glande sous-maxillaire · Maxillaire inférieur

LA BOUCHE

La partie supérieure de la cavité buccale est protégée par une structure osseuse alors que les côtés et la base sont constitués de tissus souples, dont des muscles.
Cette souplesse permet l'activité de la parole et de la mastication.
La bouche abrite trois sortes de glandes salivaires.

L'ESTOMAC

Avalé, le bol alimentaire passe dans l'œsophage, descend dans l'estomac qui se trouve en haut à gauche de la cavité abdominale. Puis le bol semi-digéré pénètre dans les intestins par le pylore, un orifice annulaire musculaire.

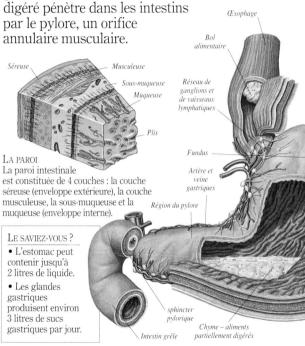

Œsophage

Bol alimentaire

Séreuse

Musculeuse

Sous-muqueuse

Muqueuse

Réseau de ganglions et de vaisseaux lymphatiques

Plis

Fundus

Artère et veine gastriques

LA PAROI
La paroi intestinale est constituée de 4 couches : la couche séreuse (enveloppe extérieure), la couche musculeuse, la sous-muqueuse et la muqueuse (enveloppe interne).

Région du pylore

LE SAVIEZ-VOUS ?
• L'estomac peut contenir jusqu'à 2 litres de liquide.

• Les glandes gastriques produisent environ 3 litres de sucs gastriques par jour.

sphincter pylorique

Chyme – aliments partiellement digérés

Intestin grêle

FOLLICULES GASTRIQUES

Les glandes gastriques sécrètent des sucs qui contiennent de l'acide chlorydrique et des enzymes puissantes. Les molécules alimentaires complexes sont ainsi décomposées en particules plus simples. L'estomac ne se digère pas lui-même, car il est protégé par une muqueuse.

La muqueuse est composée de profonds plis, qui s'aplatissent quand l'estomac est rempli.

La musculeuse est constituée de fibres musculaires circulaires, longitudinales et obliques.

Séreuse

LA STRUCTURE

L'estomac, poche en forme de J, est la partie la plus extensible du corps. Sa partie supérieure, le fundus, est aussi la plus large. Sa partie la plus étroite est située dans la région du pylore.

PROCESSUS DE DIGESTION

MÉCANISME

Les aliments restent environ 6 heures dans l'estomac, brassés par la paroi musculaire. Partiellement digérés, ils forment une bouillie appelée le chyme.

Élargissement de l'estomac pour recevoir les aliments.

Augmentation de la sécrétion de sucs gastriques.

Intensification du broyage – en quelques heures les aliments sont réduits en bouillie.

Vague de contractions musculaires destinées à expulser le chyme.

Évacuation d'une partie du chyme par relâchement du pylore.

Rétrécissement de l'estomac au fur et à mesure de la progression du chyme dans le duodénum.

LE PYLORE

Obturé pour que l'estomac reste plein, il se relâche quelques secondes pour que le chyme passe dans l'intestin. Il est formé par l'épaississement de la paroi intestinale.

PYLORE

LES INTESTINS

Ils sont enroulés dans la paroi abdominale. L'intestin grêle absorbe les nutriments et les enzymes achèvent le processus de digestion. Dans le gros intestin (caecum, côlon, rectum), les résidus sont solidifiés.

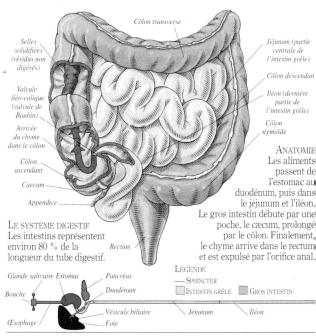

Côlon transverse

Selles solidifiées (résidus non digérés)

Valvule iléo-colique (valvule de Bauhin)

Arrivée du chyme dans le côlon

Côlon ascendant

Caecum

Appendice

Jéjunum (partie centrale de l'intestin grêle)

Côlon descendan

Iléon (dernière partie de l'intestin grêle)

Côlon sigmoïde

ANATOMIE
Les aliments passent de l'estomac au duodénum, puis dans le jéjunum et l'iléon. Le gros intestin débute par une poche, le cæcum, prolongé par le côlon. Finalement, le chyme arrive dans le rectum et est expulsé par l'orifice anal.

LE SYSTÈME DIGESTIF
Les intestins représentent environ 80 % de la longueur du tube digestif.

Rectum

Glande salivaire *Estomac* *Pancréas*

Bouche

Duodénum

Œsophage

Vésicule biliaire

Foie

LÉGENDE
— SPHINCTER
☐ INTESTIN GRÊLE ☐ GROS INTESTIN

Jénumum *Iléon*

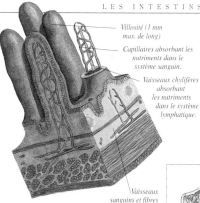

Villosité (1 mm max. de long)

Capillaires absorbant les nutriments dans le système sanguin.

Vaisseaux chylifères absorbant les nutriments dans le système lymphatique.

Vaisseaux sanguins et fibres musculaires de la muqueuse

LE SAVIEZ-VOUS ?

• L'intestin grêle a environ 7 m de long.

• L'intestin grêle double de longueur à la mort d'une personne.

• Le gros intestin mesure environ 1,5 m de long.

LES VILLOSITÉS

Ces minuscules saillies qui recouvrent la paroi intestinale absorbent les nutriments des intestins et les transmettent aux vaisseaux capillaires et lymphatiques.

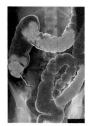

RADIOGRAPHIE DU CÔLON
Ce cliché en couleurs artificielles montre en partie le gros intestin. Ici, les bactéries décomposent des résidus et absorbent l'eau.

Intestin

Contractions en aval du bol alimentaire.

Bol alimentaire

Cheminement du bol alimentaire

Muscles se relachant en amont.

Des contractions poussent le bol alimentaire le long du tube digestif.

LE PÉRISTALTISME

La paroi du tube digestif est formée de fibres longitudinales et circulaires dont l'onde de contraction, le péristaltisme, fait progresser le bol alimentaire.

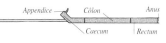

Appendice — *Côlon* — *Anus*

Caecum — *Rectum*

LE FOIE ET LE PANCRÉAS

Le foie et le pancréas sont deux organes importants reliés à l'intestin au niveau du duodénum. Le foie sécrète la bile, un suc digestif qui décompose les lipides et tranforme les nutriments venus de l'estomac et des intestins par la veine porte. Les enzymes pancréatiques activent la digestion dans le duodénum.

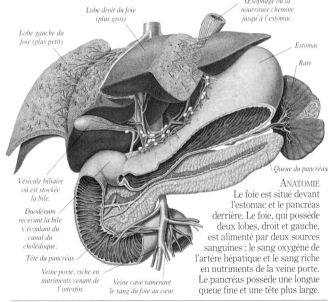

Lobe droit du foie (plus gros)

Œsophage où la nourriture chemine jusqu'à l'estomac.

Lobe gauche du foie (plus petit)

Estomac

Rate

Queue du pancréas

Vésicule biliaire où est stockée la bile.

Duodénum recevant la bile s'écoulant du canal du cholédoque.

Tête du pancréas

Veine porte, riche en nutriments venant de l'intestin.

Veine cave ramenant le sang du foie au cœur.

ANATOMIE

Le foie est situé devant l'estomac et le pancréas derrière. Le foie, qui possède deux lobes, droit et gauche, est alimenté par deux sources sanguines : le sang oxygéné de l'artère hépatique et le sang riche en nutriments de la veine porte. Le pancréas possède une longue queue fine et une tête plus large.

LE RÔLE DU FOIE

Le foie est un organe vital qui a de nombreuses fonctions. Il stocke les substances chimiques sur lesquelles il effectue de multiples transformations.

- Sécrète la bile.
- Décompose les graisses et les acides aminés (protéines).
- Régule le taux de glucides du sang.
- Stocke les vitamines liposolubles et quelques minéraux comme le fer et le cuivre.
- Réchauffe le sang à son passage.
- Fabrique des protéines sanguines.
- Facilite la coagulation.
- Contrôle la formation et la destruction des cellules sanguines.
- Neutralise et détruit les toxines contenues dans le sang.

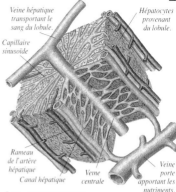

Veine hépatique transportant le sang du lobule.

Hépatocytes provenant du lobule.

Capillaire sinusoïde

Rameau de l'artère hépatique

Canal hépatique

Veine centrale

Veine porte apportant les nutriments.

LES LOBULES DU FOIE

Les cellules du foie (hépatocytes) sont assemblées par milliards en colonnes appelées lobules. Le sang venant de l'artère hépatique et de la veine porte circule dans des petits espaces (sinusoïdes) pour les oxygéner et les alimenter.

Glandes exocrines sécrétant les enzymes digestives.

Canaux d'où s'écoulent les sucs digestifs.

LE PANCRÉAS

Certaines cellules pancréatiques forment les glandes exocrines qui sécrètent des enzymes digestives. D'autres encore forment les glandes endocrines, qui sécrètent des hormones (insuline et glucagon) régulant le taux de glycémie.

Glandes endocrines sécrétant les hormones dans le sang.

LA VÉSICULE BILIAIRE

Quand des aliments arrivent dans le duodénum, la vésicule biliaire se contracte et injecte la bile dans les intestins.

LE SYSTÈME URINAIRE

Les reins épurent le sang des substances solubles et de l'excès de liquide. Certains liquides et nutriments sont réabsorbés par le sang, tandis que l'excès d'eau et les déchets sont évacués par l'urine.

EMPLACEMENT DE L'APPAREIL URINAIRE

Calices rénaux — tubes collecteurs de l'urine jusqu'à l'uretère

Glande surrénale

Veine rénale transportant le sang épuré.

L'artère rénale apportant le sang au rein.

Calices rénaux dans la zone médullaire

Artériole

Réseau capillaire

Cortex

Médullaire

L'uretère conduisant l'urine du rein jusqu'à la vessie.

Véinule

Pôle vasculaire – glomérule – dans le cortex

COUPE D'UN REIN

Chaque rein compte environ un million d'unités de filtrations (néphrons). Composées de tubules et de glomérules, elles vont du cortex à la médullaire.

LES REINS

Les deux reins, en forme de haricot, sont situés à l'arrière de l'abdomen. Ils régulent les flux liquides du corps, les taux sanguins de sel ainsi que l'acidité du sang. Chaque rein, qui mesure environ 12 cm de long, est constitué d'une partie interne, la zone médullaire, et d'une partie superficielle, le cortex.

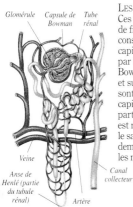

Glomérule *Capsule de Bowman* *Tube rénal*

Veine

Anse de Henlé (partie du tubule rénal)

Canal collecteur

Artère

LES NÉPHRONS

Ces minuscules unités de filtrage sont constituées de capillaires entourés par la capsule de Bowman. Liquides et substances solubles sont filtrés par les capillaires. Une grande partie du liquide filtré est réabsorbé par le sang. Seule l'urine demeure dans les néphrons.

LE SAVIEZ-VOUS ?

• Les reins filtrent jusqu'à 7 litres de liquide.

• L'urine est constituée à 95 % d'eau.

• L'urine contient des toxines, dont l'urée fabriquée dans le foie.

APPAREIL URINAIRE MASCULIN

Canal déférent

Enveloppe musculaire de la vessie *Enveloppe élastique de la vessie*

Uretère

LA FONCTION URINAIRE

Il y a 4 étapes principales dans la fonction urinaire :

• Les reins : 2 organes qui épurent le sang des déchets et filtrent les liquides qu'il contient. L'urine obtenue va dans les canaux collecteurs et est acheminée jusqu'aux uretères.
• Les uretères : 2 tubes qui, jour et nuit, conduisent l'urine du rein à la vessie.
• La vessie : réservoir où s'accumule l'urine jusqu'à l'expulsion. Dilatable, elle peut contenir plus d'un demi-litre d'urine.
• L'urètre : canal qui mène l'urine de la vessie vers l'extérieur du corps. L'urètre de l'homme mesure environ 20 cm de long, celui de la femme seulement 4 cm.

Urètre *Pénis* *Prostate*

Os iliaque

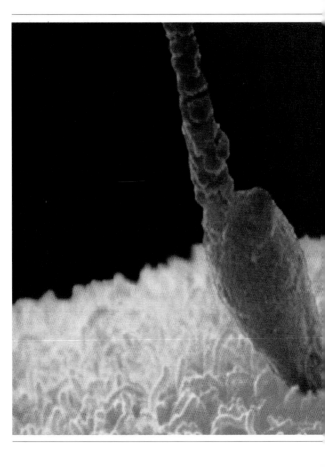

LA REPRODUCTION

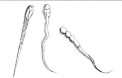

LES APPAREILS GÉNITAUX 96
SEXUALITÉ ET FÉCONDATION 100
GROSSESSE ET NAISSANCE 102
GÉNÉTIQUE ET HÉRÉDITÉ 104
LA CROISSANCE 106
LE VIEILLISSEMENT 108

LES SYSTÈMES REPRODUCTEURS

La reproduction est indispensable à la perpétuation de l'espèce humaine. Dès l'adolescence, les appareils génitaux masculin et féminin produisent des cellules sexuelles.

L'appareil génital masculin

Les gonades mâles, appelées testicules, produisent des cellules sexuelles mobiles, les spermatozoïdes, qui circulent dans deux conduits, le canal déférent et l'épididyme, pour atteindre le pénis. Des glandes, la prostate et les vésicules séminales, sécrètent les substances nutritives du sperme.

EMPLACEMENT DE L'APPAREIL GÉNITAL MASCULIN

ANATOMIE
Les principaux organes de l'appareil reproducteur masculin, les testicules et le pénis, sont externes à l'abdomen. La prostate est enroulée autour de l'urètre, entre la vessie et le pénis. Le pénis sert à évacuer l'urine et le sperme.

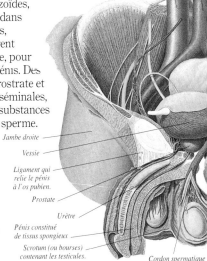

Veine cave

Aorte

Jambe droite

Vessie

Ligament qui relie le pénis à l'os pubien.

Prostate

Urètre

Pénis constitué de tissus spongieux

Scrotum (ou bourses) contenant les testicules.

Cordon spermatique

LES SPERMATOZOÏDES

Entre la tête et la queue, se trouve une partie médiane, remplie de structures génératrices d'énergie, appelées mitochondries. Celles-ci permettent à la queue de propulser le spermatozoïde dans l'appareil reproducteur féminin. Un homme en bonne santé produit chaque jour quelque 500 millions de spermatozoïdes.

Tête contenant un noyau

Partie médiane

Queue

SPERMATOZOÏDE

LE SAVIEZ-VOUS?

• Un spermatozoïde mesure 0,05 mm de long.

• Un spermatozoïde met 10 semaines pour atteindre sa maturité.

• Un spermatozoïde se déplace à la vitesse de 3 mm à l'heure.

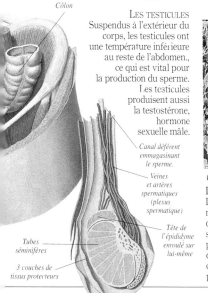

Côlon

LES TESTICULES

Suspendus à l'extérieur du corps, les testicules ont une température inférieure au reste de l'abdomen., ce qui est vital pour la production du sperme. Les testicules produisent aussi la testostérone, hormone sexuelle mâle.

Canal déférent emmagasinant le sperme.

Veines et artères spermatiques (plexus spermatique)

Tubes séminifères

3 couches de tissus protecteurs

Tête de l'épididyme enroulé sur lui-même

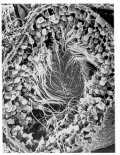

COUPE D'UN TESTICULE

LA PRODUCTION DU SPERME

Les testicules contiennent un millier de tubes séminifères dans lesquels se forment les spermatozoïdes. Avant de passer dans l'épididyme dans lequel ils seront conservés, ils sont nourris par des cellules spéciales.

L'appareil génital féminin

Les ovaires sont les glandes sexuelles (gonades) féminines. Ils produisent des cellules sexuelles, les ovules. L'ovule est libéré tous les 28 jours, durant le cycle menstruel. Celui-ci descend par l'une des deux trompes de Fallope dans l'utérus. Si l'ovule est fertilisé par un spermatozoïde, il se niche dans l'utérus. Dans le cas contraire, il est expulsé durant la menstruation.

EMPLACEMENT
DE L'APPAREIL
GÉNITAL FÉMININ

LA STRUCTURE

Les gonades féminines sont situés dans le pelvis. Dans la partie inférieure de l'utérus, un passage étroit (col de l'utérus) conduit au vagin. En haut, deux ouvertures mènent aux trompes de Fallope. Elles s'ouvrent pour abriter les ovaires et l'ovule.

Ligament lombo-ovarien

L'utérus a une paroi épaisse.

Ovaire

Trompe de Fallope par laquelle l'ovule arrive dans l'utérus.

Pendant le cycle menstruel, plusieurs ovules entrent dans une phase de maturité, produisant des protubérances à la surface de l'ovaire. Généralement, un seul ovule est libéré.

Le vagin a une paroi musculaire qui se dilate à la naissance de l'enfant.

La paroi de l'utérus se développe chaque mois, prête à recevoir l'ovocyte.

L'UTÉRUS

Pourvu d'une épaisse paroi musculaire, l'utérus est généralement de la taille d'un poing. Pendant la grossesse, son volume peut se multiplier par 1 000 pour s'adapter au développement du bébé.

L'OVULE

Il se développe dans les follicules ovariens, cavités situées à l'intérieur de l'ovaire. Chaque mois, un follicule se développe, éclate, libérant un ovule. Celui-ci est entouré de cellules folliculaires et d'une membrane (ou zone pellucide).

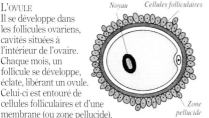

Noyau   *Cellules folliculaires*

Zone pellucide

LE SAVIEZ-VOUS ?

• Les faux jumeaux sont issus de 2 ovules fertilisés durant le même cycle.

• Le diamètre de l'ovule (entre 0,1 et 0,2 mm) est 50 fois plus grand que celui de la tête du spermatozoïde.

LE CYCLE MENSTRUEL

Le cycle menstruel est contrôlé par l'hypophyse. Celle-ci sécrète des hormones qui stimulent la production d'œstrogène et de progestérone par les ovaires, et déclenchent la libération de l'ovule. Dans le même temps, la paroi utérine entame son cycle de transformations.

| 1 | 2 | 3 | 4 | 5 | 6 | 7 | 8 | 9 | 10 | 11 | 12 | 13 | 14 | 15 | 16 | 17 | 18 | 19 | 20 | 21 | 22 | 23 | 24 | 25 | 26 | 27 | 28 |

CYCLE OVARIEN   *Cellule de l'ovule*   JOURS

Follicule primaire   *Follicule secondaire*   *Follicule de Graaf libérant l'ovule.*   *Follicule affaissé formant le corps jaune.*   *Dislocation du corps jaune*

Progestérone   *Œstrogène*

CYCLE MENSTRUEL

Ovule

Un nouvel ovule commence sa maturation. La menstruation débute.

L'ovule se développe et l'endomètre épaissit.

Après l'ovulation, l'ovule transite par la trompe de Fallope.

L'endomètre épaissit et sécrète des substances nutritives.

L'ovule non fécondé est évacué par l'utérus. Un nouveau cycle commence.

| 1 | 2 | 3 | 4 | 5 | 6 | 7 | 8 | 9 | 10 | 11 | 12 | 13 | 14 | 15 | 16 | 17 | 18 | 19 | 20 | 21 | 22 | 23 | 24 | 25 | 26 | 27 | 28 |

SEXUALITÉ ET FÉCONDATION

Les spermatozoïdes pénètrent dans le corps de la femme au cours de l'acte sexuel et rencontrent un ovule. C'est le début d'une nouvelle vie. Spermatozoïde et ovule contiennent des données génétiques qui, en se combinant, déterminent le développement du bébé.

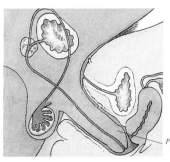

L'ACTE SEXUEL
Quand le pénis de l'homme se remplit de sang, il se durcit, entre en érection et peut pénétrer dans le vagin de la femme. Chez l'homme, des contractions réflexes vont déclencher l'éjaculation, émission du sperme contenant les spermatozoïdes, dans le vagin de la femme.

Pénis dans le vagin

Millions de spermatozoïdes s'élançant vers l'ovule.

SPERMATOZOÏDES NAGEANT DANS LE SPERME

LE SAVIEZ-VOUS ?
• Un ovule doit être fécondé 24 à 48 heures après sa libération.

• Un bébé naît 40 semaines après la fécondation.

• Si l'œuf se scinde juste après la fécondation il donne de vrais jumeaux.

LA COURSE DES SPERMATOZOÏDES
Lors de l'éjaculation, près de 300 millions de spermatozoïdes se déplacent à la recherche d'un ovule. Seuls 50 à 150 atteindront celui qui est descendu par la trompe de Fallope. Et un seul le fécondera.

LA FÉCONDATION

La tête du spermatozoïde, en pénétrant la zone pellucide de l'ovule, perd sa queue. Les noyaux du spermatozoïde et de l'ovule fusionnent pour former un zygote (ovule fécondé). Une réaction chimique à l'intérieur de l'ovule en durcit la membrane pour empêcher la pénétration d'autres spermatozoïdes.

Durant son cheminement vers l'utérus, le zygote se divise pour former une masse de cellules, d'abord la morula, puis la blastula.

L'ovule est fécondé dans la partie supérieure de la trompe de Fallope.

Ovule fécondé (zygote)

Trompe de Fallope recevant l'ovule nouvellement formé.

Libération d'un ovule lors de l'ovulation..

Blastocyste

UNE VIE NOUVELLE

Le zygote se divise pour former une masse de cellules, la morula. Il forme ensuite une cavité liquidienne et devient un blastocyste qui va se nicher dans la paroi charnue de l'utérus pour former un embryon.

Ovule atteignant sa maturité dans l'ovaire sous l'influence des hormones.

Blastocyste se nichant dans la paroi utérine.

GROSSESSE ET NAISSANCE

Durant les huit premières semaines de grossesse,
alors que se développent les organes, le bébé est
appelé embryon. Puis il se
met à bouger, ses organes
se forment, on l'appelle
fœtus. La croissance
dès lors s'accélère.

8 SEMAINES
Le fœtus
est protégé
par le liquide
amniotique et
nourri par le
cordon ombilical.

Longueur : 2,5 cm
Poids :2 g

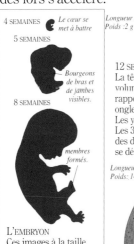

4 SEMAINES — *Le cœur se met à battre*

5 SEMAINES

Bourgeons de bras et de jambes visibles.

8 SEMAINES

membres formés.

L'EMBRYON
Ces images à la taille
réelle de l'embryon
montrent distinctement
une forme humaine.

12 SEMAINES
La tête est très
volumineuse par
rapport au corps. Les
ongles apparaissent.
Les yeux sont fermés.
Les 32 bourgeons
des dents définitives
se développent.

Longueur : 7,5 cm
Poids : 18 g

Longueur : 16 cm
Poids : 140 g

16 SEMAINES
Le fœtus se couvre
d'un fin duvet.
Le sexe est
identifiable. Les
mouvements du
fœtus peuvent être
ressentis dès la
seizième semaine.

*Le placenta fournit au fœtus
des nutriments
et de l'oxygène, et le
débarrasse de ses déchets.*

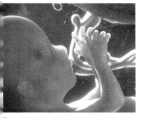

FŒTUS DE 4 MOIS
LE FŒTUS
Le cordon ombilical relie le fœtus au placenta, masse spongieuse fixée à la paroi de l'utérus. À la 16e semaine, les traits du visage sont formés et les vaisseaux sanguins visibles sous la peau.

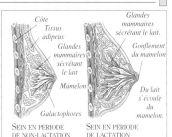

Côte
Tissus adipeux
Glandes mammaires sécrétant le lait
Mamelon
Galactophores

Glandes mammaires sécrétant le lait.
Gonflement du mamelon
Du lait s'écoule du mamelon.

SEIN EN PÉRIODE DE NON-LACTATION
SEIN EN PÉRIODE DE LACTATION

LA LACTATION
Pendant la grossesse, les seins enflent et les glandes mammaires se développent. Le lait maternel procure au nouveau-né la nourriture et les anticorps dont il a besoin.

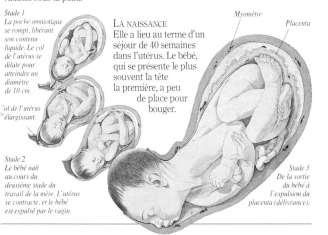

Stade 1
La poche amniotique se rompt, libérant son contenu liquide. Le col de l'utérus se dilate pour atteindre un diamètre de 10 cm.

Col de l'utérus s'élargissant.

Stade 2
Le bébé naît au cours du deuxième stade du travail de la mère. L'utérus se contracte, et le bébé est expulsé par le vagin.

LA NAISSANCE
Elle a lieu au terme d'un séjour de 40 semaines dans l'utérus. Le bébé, qui se présente le plus souvent la tête la première, a peu de place pour bouger.

Myomètre
Placenta

Stade 3
De la sortie du bébé à l'expulsion du placenta (délivrance).

GÉNÉTIQUE ET HÉRÉDITÉ

Le noyau de chaque cellule renferme des structures appelées chromosomes. Ils contiennent des molécules d'acide désoxyribonucléique (ADN), porteur de l'information génétique. Chaque gène contient les données servant à élaborer une protéine nécessaire à la production et au contrôle des cellules. Les gènes dictent les caractéristiques d'une personne, comme la couleur des cheveux et des yeux. Les cellules sexuelles transmettent leurs gènes à la nouvelle génération.

ADN D'UN NOYAU
CELLULAIRE

Le noyau de chaque cellule contient 46 chromosomes.

Un chromosome a 2 bras identiques appelés chromatides.

Molécule d'ADN formée de 2 filaments

Chaque chaîne contient une série de bases d'acides nucléiques qui déterminent...

L'information d'un gène est utilisée pour fabriquer une protéine.

Une molécule d'ADN se déroule pour copier l'information d'un gène.

Cellule

LES GÈNES

Le chromosome contient une spirale d'ADN, étroitement enroulée sur elle-même. Cette structure chimique complexe se déroule pour présenter ses gènes quand c'est nécessaire. Les gènes fabriquent les protéines nécessaires à la production de nouvelles cellules. Le chromosome se recopie

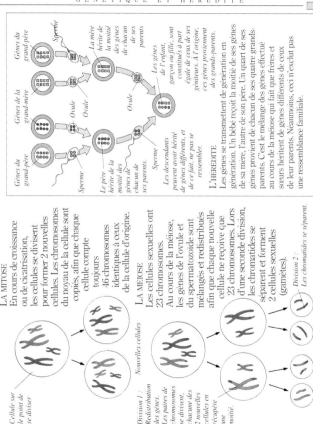

Gènes du grand-père

Gènes de la grand-mère

Gènes du grand-père

Sperme

La mère hérite de la moitié de chacun de ses parents

Ovule *Ovule* *Ovule*

Sperme

Le père hérite de la moitié de gènes de chacun de ses parents.

Sperme

Les gènes de l'enfant, garçon ou fille, sont constitués à part égale de ceux de ses géniteurs. À l'origine, ces gènes proviennent des grands-parents.

Les descendants peuvent avoir hérité de gènes différents, et de ce fait, ne pas se ressembler.

L'HÉRÉDITÉ

Les gènes se transmettent de génération en génération. Un bébé reçoit la moitié de ses gènes de sa mère, l'autre de son père. Un quart de ses gènes provient de chacun de ses quatre grands-parents. C'est le mélange des gènes effectué au cours de la méiose qui fait que frères et sœurs héritent de gènes différents de ceux de leur parents. Néanmoins, ceci n'exclut pas une ressemblance familiale.

LA MITOSE

En cours de croissance ou de cicatrisation, les cellules se divisent pour former 2 nouvelles cellules. Les chromosomes du noyau de la cellule sont copiés, afin que chaque cellule compte toujours 46 chromosomes identiques à ceux de la cellule d'origine.

LA MÉIOSE

Les cellules sexuelles ont 23 chromosomes.

Au cours de la méiose, les gènes de l'ovule et du spermatozoïde sont mélangés et redistribués afin que chaque nouvelle cellule ne reçoive que 23 chromosomes. Lors d'une seconde division, les chromatides se séparent et forment 2 cellules sexuelles (gamètes).

Cellule sur le point de se diviser

Nouvelles cellules

Division 1 : Redistribution des gènes. Les paires de chromosomes se divisent, chacune des 2 nouvelles cellules en récupère une moitié.

Division 2 : Les chromatides se séparent.

LA CROISSANCE

La croissance d'abord rapide des premières années de la vie, lorsque l'enfant apprend à marcher et à parler, se ralentit au cours de l'enfance. Elle s'accélère à nouveau lors des transformations psychologiques et physiques de la puberté. À la fin de l'adolescence, elle s'arrête. C'est le début de l'âge adulte.

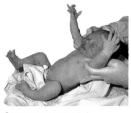

LA FRAGILITÉ DU BÉBÉ
Le bébé entend bien mais voit mal. Il dort au moins 12 heures par jour. Il n'a que les pleurs pour manifester aussi bien la peur, l'inconfort, la douleur, la faim, que l'ennui.

PROPORTIONS DU CORPS
Pendant la croissance, les proportions physiques changent notablement ; ainsi, la tête devient proportionnellement plus petite par rapport au corps.

- La tête d'un bébé représente environ le quart de la longueur de son corps.
- Chez l'enfant, la longueur de la tête et du tronc diminue alors que les jambes et les bras s'allongent.
- La tête d'un adulte représente environ un huitième de la longueur de son corps.

2 MOIS : 55 CM   2 ANS : 86 CM

LE DÉVELOPPEMENT DE L'ENFANT

6 MOIS
Le bébé peut se tenir assis, à condition qu'on l'aide, et porte le poids de sa tête.

18 MOIS
L'enfant est capable de marcher tout seul, monter des escaliers, et dire quelques mots.

9 A 12 MOIS
Le bébé rampe et cherche à se redresser. Il parvient souvent à se tenir debout sans aide.

2 A 3 ANS
L'enfant tient un crayon et copie des formes simples. Il s'exprime par des phrases simples.

LE SAVIEZ-VOUS ?

• La puberté, marquée par la maturité sexuelle, se traduit par la production d'ovules et de spermatozoïdes.

• La puberté commence entre 9 et 13 ans chez les filles, entre 10 et 14 ans pour les garçons.

• Les changements hormonaux de la puberté occasionnent peau grasse et acné.

4 ANS : 112 CM   7 ANS : 122 CM   12 ANS : 147 CM   20 ANS : 178 CM.

LE VIEILLISSEMENT

Avec l'âge, les cellules du corps se détériorent, entraînant des transformations physiques, comme la fragilisation des os. Les progrès de la médecine ont permis d'allonger la durée moyenne de vie. Une bonne hygiène de vie peut ralentir les effets du vieillissement.

LA VIEILLESSE

Ses signes marquants sont les rides et les cheveux blancs. Les rides apparaissent d'abord sur le front, dont la peau se plisse à force de sourire ou de froncer les sourcils.

EFFETS DE L'ÂGE SUR L'APPAREIL GÉNITAL

L'homme produit du sperme et reste fertile de la puberté jusqu'à la fin de sa vie. Chez la femme, la production d'ovules cesse autour de la cinquantaine, avec la venue de la ménopause. Elle n'a plus de cycle ovarien et de menstruations et n'est plus fertile.

CHEZ LES HOMMES

• À partir de 45 ans, la prostate grossit, pouvant entraver l'écoulement de l'urine.
• L'homme peut engendrer un enfant jusqu'à 90 ans, voire plus tard.

CHEZ LES FEMMES

• Beaucoup de femmes souffrent de la ménopause (bouffées de chaleur, sautes d'humeur), lorsque les ovaires cessent la production d'une hormone, l'œstrogène.
• Le manque d'œstrogène fragilise les os et accélère le durcissement des artères. Un traitement hormonal prévient ces problèmes et supprime les effets désagréables de la ménopause.

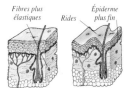

Fibres plus élastiques *Rides* *Épiderme plus fin*

PEAU JEUNE   PEAU VIEILLIE

LA PEAU

Avec l'âge, les cellules de l'épiderme se renouvellent moins vite. Les couches profondes de la peau perdent une bonne partie des tissus qui les soutiennent.

CATARACTE *La cataracte est opérable.*

LA CATARACTE

Le cristallin, à l'origine transparent comme du cristal, s'opacifie et les rayons de lumière ne passent plus.

LA VISION

Avec l'âge, le cristallin perd de sa souplesse. Il devient difficile de percevoir des objets rapprochés. C'est la presbytie. Il arrive parfois que la macula de la rétine, qui permet de distinguer les plus petits détails, dégénère, entraînant une détérioration de la vision.

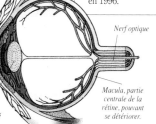

Nerf optique

Macula, partie centrale de la rétine, pouvant se détériorer.

Le cristallin perd son élasticité et ne peut plus accommoder.

LES ARTÈRES

Les artères vieillissantes perdent leur souplesse. Tabagisme, hypertension, excès de graisses provoquent le durcissement des artères et leur obstruction par des dépôts graisseux. Des caillots de sang peuvent se former et bloquer la circulation artérielle.

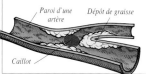

Paroi d'une artère   Dépôt de graisse

Caillot

CAUSES COMMUNES DE LA MORT

Les gens âgés meurent souvent paisiblement dans leur sommeil, quand leur cœur cesse de battre.

CAUSE	EFFETS
Crise cardiaque	Le cœur cesse de battre faute d'un apport de sang et d'oxygène.
Congestion cérébrale	Un vaisseau sanguin se bouche, entraînant la mort cérébrale.
Cancer	Prolifération incontrôlable de cellules malades.
Broncho-pneumonie	Inflammation des bronches, d'origine microbienne.
Accident	Blessure d'un organe vital ou hémorragie.

EN SAVOIR PLUS

LA SANTÉ ET LA FORME 112
NOTIONS DE DIÉTÉTIQUE 114
L'ÉTUDE DU CORPS HUMAIN 116

LA SANTÉ ET LA FORME

Faire de l'exercice régulièrement maintient en forme et en bonne santé. Vingt à trente minutes d'exercice trois fois par semaine, diminuent les risques de prise de poids, d'hypertension et de maladies cardiovasculaires. L'idéal est de faire de l'exercice tous les jours, sous une forme ou une autre.

Le cœur bat plus vite pour pomper le sang dans les muscles.

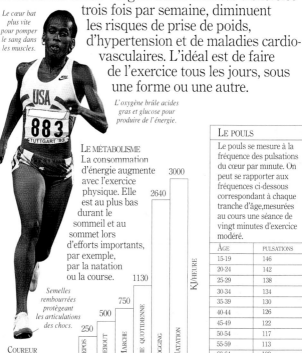

L'oxygène brûle acides gras et glucose pour produire de l'énergie.

LE MÉTABOLISME
La consommation d'énergie augmente avec l'exercice physique. Elle est au plus bas durant le sommeil et au sommet lors d'efforts importants, par exemple, par la natation ou la course.

Semelles rembourrées protégeant les articulations des chocs.

COUREUR

KJ/HEURE

		3000
	2640	
1130		
750		
500		
250		

REPOS	DEBOUT	MARCHE	VIE QUOTIDIENNE	JOGGING	NATATION

LE POULS

Le pouls se mesure à la fréquence des pulsations du cœur par minute. On peut se rapporter aux fréquences ci-dessous correspondant à chaque tranche d'âge, mesurées au cours une séance de vingt minutes d'exercice modéré.

ÂGE	PULSATIONS
15-19	146
20-24	142
25-29	138
30-34	134
35-39	130
40-44	126
45-49	122
50-54	117
55-59	113
60-64	109

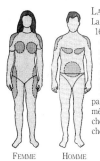

FEMME　　HOMME

LA GRAISSE

La graisse constitue 16 à 25 % du poids d'une personne en bonne santé. Le ralentissement des activités favorise la prise de poids. La graisse n'est pas répartie aux mêmes endroits chez la femme et chez l'homme.

BESOINS ÉNERGÉTIQUES MOYENS

SEXE, ÂGE DU SUJET	KJ/JOUR
Bébé 9-12 mois	4 200
Enfant : 8 ans	8 770
Garçon : 15 ans	12 560
Fille : 15 ans	9 560
Femme inactive	7 950
Femme active	9 560
Femme allaitant	11 250
Homme inactif	10 460
Homme actif	12 560

DÉPENSE D'ÉNERGIE

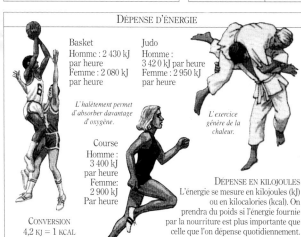

Basket
Homme : 2 430 kJ par heure
Femme : 2 080 kJ par heure

Judo
Homme : 3 420 kJ par heure
Femme : 2 950 kJ par heure

L'halètement permet d'absorber davantage d'oxygène.

L'exercice génère de la chaleur.

Course
Homme : 3 400 kJ par heure
Femme : 2 900 kJ Par heure

CONVERSION
4,2 KJ = 1 KCAL

DÉPENSE EN KILOJOULES

L'énergie se mesure en kilojoules (kJ) ou en kilocalories (kcal). On prendra du poids si l'énergie fournie par la nourriture est plus importante que celle que l'on dépense quotidiennement.

NOTIONS DE DIÉTÉTIQUE

Une alimentation équilibrée apporte au corps ce qu'il lui faut d'énergie pour dynamiser les muscles et des fonctions comme le développement des tissus, la respiration, l'activité cardiaque. Beaucoup de maladies sont imputables à une mauvaise alimentation. Ainsi, une consommation excessive de graisses peut obstruer les artères, entraînant une maladie cardiaque.

COMPOSANTS VITAUX DE LA NOURRITURE

UN RÉGIME ÉQUILIBRÉ
La plupart des gens ont une alimentation qui leur fournit suffisamment de protéines. Mais ils ne consomment pas assez d'hydrates de carbone riches en amidon, de fibres, de légumes et de fruits, et trop de graisses et de sucres. Les suppléments multivitaminés et les minéraux permettent de pallier les carences.

VITAMINES
Essentielles à la santé, on les trouve dans les fruits et les légumes.

MINÉRAUX
Indispensables aux os, ils sont aussi présents dans les fruits et les légumes.

FIBRES
Partie non digeste des végétaux, elle régule les fonctions naturelles.

HYDRATES DE CARBONE
Apports énergétiques pour les cellules du corps, on les trouve sous forme d'amidon et de sucres.

GRAISSES, HUILES
Source d'énergie et constituant des cellules, elles sont d'origine animale ou végétale.

PROTÉINES
Présentes dans le poisson, la viande, les fromages et les fruits secs, elles assurent la croissance des tissus.

VITAMINES ET MINÉRAUX

Type	Sources principales	Fonctions
Vitamine A	Huile de foie de morue et de flétan, beurre, lait, jaune d'œuf, foie, fruits et légumes verts sont transformés par le corps en vitamine A.	Favorise la croissance des tissus, indispensable pour les yeux et la peau, renforce la résistance aux infections.
Complexe vitamine B/ acide folique	Viandes, rognons, extrait de levure, céréales vitaminées, pain, choux-fleur.	Indispensable à la santé de la peau, et des cheveux ; rôle important dans le système nerveux, la digestion et le métabolisme ; favorise l'action des enzymes et des hormones.
Vitamine C	Légumes frais, fruits, en particulier agrumes (la cuisson peut détruire la vitamine C).	Importante pour la peau, les dents, les os, les vaisseaux sanguins, les tissus ; favorise l'absorption du fer, accroît les défenses immunitaires et la cicatrisation.
Vitamine D	Poissons gras, huile de foie de morue, jaune d'œuf, margarine, beurre, lait entier.	Rôle vital pour l'absorption du calcium et du phosphate de l'intestin. Le calcium fortifie les os et les dents.
Vitamine E	Beurre, céréales, produits laitiers, œufs.	Protège les graisses du corps, favorise la formation des globules rouges, assure le bon état des membranes cellulaires.
Fer (minéral)	Viande rouge, rognons, pain, haricots, farine, jaune d'œuf, fruits secs, poudre de curry, noix, certains légumes.	Joue un rôle essentiel dans la production des pigments rouges du sang, l'hémoglobine ; fortifie les muscles ; combat l'infection.
Calcium (minéral)	Produits laitiers, poissons, sardines en conserves, pain, légumes verts.	Assure la santé des os et des dents ; favorise la transmission des signaux nerveux et la coagulation du sang.

L'ÉTUDE DU CORPS HUMAIN

Elle avait fasciné l'Antiquité, mais devint en Europe, à partir de l'an 300, un sujet condamné par l'Église. Asiatiques et Arabes poursuivirent les recherches. Il faut attendre la Renaissance pour que reprenne en Europe l'étude du corps humain.

28 000 av. J.-C.		100 av. J.-C.
28 000 av. J.-C. – 2 000 av. J.-C.	1000 – 300	300 – 100

• 28 000 av. J.-C. Sculptures et peintures rupestres représentant le corps humain.
• 6500 av. J.-C. Traces de trépanation (ouverture dans le crâne), une des premières opérations chirurgicales.
• 2300 av. J.-C. Le traité de médecine chinois *Nei Ching* comprend une description de la circulation du sang.

CRÂNE TRÉPANÉ, 6500 AV. J.-C.

• 3000 -1600 av. J.-C. Les Égyptiens s'intéressent à l'anatomie. Le cœur est considéré comme le siège de la pensée et de l'âme.
• 2000 av. J.-C. Apparition des premières méthodes de contrôle des naissances attestant de connaissances en biologie.

• 1000 - 300 av. J.-C. Utilisation de préservatifs.
• 1000 av. J.-C. La chirurgie (amputations, greffes de peau, cataractes), est pratiquée en Inde.
• 400 av. J.-C. Hippocrate (460-377), médecin le plus célèbre de l'Antiquité, décrit les maladies et leurs thérapies. Il écrit le serment d'Hippocrate, code moral auquel les médecins font serment de se conformer.
• 384-322 av. J.-C. En Grèce, Aristote étudie pour la première fois l'anatomie.
• 335-280 av. J.-C. En Grèce, Hérophilus pratique la dissection et conclut que le cerveau est le centre du système nerveux.

• 300 av. J.-C. L'Égyptien Erasistratus (310-250) découvre la fonction de l'épiglotte du larynx, la valve tricuspide du cœur, les nerfs moteurs et sensoriels, et la contraction des muscles qui permet de mouvoir les os. Il pensait à tort que les artères contenaient de l'air.
• 300 av. J.-C. Le physicien chinois Hua To pratique les premières anesthésies et les premières opérations de l'abdomen.
• 100 av. J.-C. Des médecins romains effectuent des césariennes, opérations permettant de délivrer l'enfant par incision de l'abdomen de la mère (cette intervention se pratique toujours).

HIPPOCRATE VERS 400 AV. J.-C.

170 ap. J.-C. 1677

170 – 1604	1615 – 1665	1667 – 1674

170 – 1604

• 170 Le médecin grec Claude Galien (129-199) écrit *Des usages des parties du corps humain*. Il note que les artères contiennent du sang et non de l'air. Mais il entretient l'idée erronée que la santé est déterminée par la circulation dans le corps de 4 humeurs (des fluides), hypothèse qui se maintient pendant 1 400 ans.

• 1000 Publication du traité de médecine *Canon de la médecine* d'Avicenne (980-1037), anatomiste arabe, qui tire son savoir de la dissection des corps.

• 1450 L'invention de l'imprimerie, à la Renaissance, coïncide avec le renouveau de la recherche scientifique.

• 1543 Le Belge André Vésale (1514-1564), qui vole des cadavres pour les utiliser comme modèles, publie son *De Humani Corporis Fabrica* – un ouvrage comportant les premiers dessins anatomiques exacts.

• 1604 Hans Jansen,

DESSIN DE VÉSALE
1543

opticien hollandais, invente le microscope.

1615 – 1665

• 1615 Sanctorius (1561-1636), médecin italien, invente le thermomètre, premier outil mesurant avec précision la température interne du corps.

• 1628 William Harvey (1578-1657), médecin des rois Jacques Ier et Charles Ier d'Angleterre, démontre l'existence de la circulation sanguine.

CIRCULATION
DU SANG
1628

• 1658 Le médecin hollandais Jan Swammerdam (1637-1680) utilise un microscope pour observer les globules rouges.

• 1660 Le médecin italien, Marcello Malpighi (1628-1694) découvre les unités filtrantes des reins et le système des bronches pulmonaires.

• 1664 Niels Stensen (1638-1686) découvre que les muscles sont composés de faisceaux de fibres.

• 1665 Robert Hooke (1635-1703) publie *Micrographia*, livre dans lequel apparaît pour la première fois le terme "cellule", dans le cadre d'une étude d'un morceau de liège effectuée à

1667 – 1674

l'aide d'un microscope de sa fabrication.

• 1667 J. Denis effectue la première transfusion sanguine avec du sang d'agneau, mais celle-ci échoue.

• 1672 Reinier De Graaf (1641-1673), médecin hollandais, décrit pour la première fois en détail l'appareil génital féminin.

• 1675 Le chimiste anglais John Mayhow (1640-1679) mène des recherches chimiques sur la respiration et démontre que l'air contient un composant vital que le Français Lavoisier (1743-1794) identifiera formellement sous le nom d'oxygène.

• 1677 Anton Leeuwenhoek (1632-1723), biologiste hollandais, identifie les cellules du sperme.

MICROSCOPE
VERS 1660

1691

1898

1691 – 1816	1844 – 1865	1880 – 1905

• 1691 Clopton Havers (1650-1701), médecin anglais, étudie la structure complexe de l'os compact.

• 1791 Luigi Galvani (1737-1798) anatomiste italien, découvre que les composants chimiques du corps produisent de l'électricité. Il fait bouger les pattes du cadavre d'une grenouille en les mettant en contact avec deux métaux différents.

• 1796 Edward Jenner (1749-1823), médecin anglais, découvre les principes de la vaccination et de l'immunité. Il vaccine un jeune garçon contre la variole en lui inoculant une forme légère de ce virus, la varicelle.

• 1800 Alessandro Volta (1745-1827), médecin italien, décrit les effets de l'électricité sur les muscles.

• 1801 Thomas Young (1773-1829), médecin anglais, démontre que l'œil distingue les couleurs primaires, correspondant à différentes longueurs d'ondes.

• 1816 René Laennec (1781-1826), médecin français, invente le premier stéthoscope –

PREMIER SPHYGMOMANOMÈTRE VERS 1820

un journal roulé avec lequel il ausculte le cœur d'un patient.

• 1844 Un dentiste américain, H. Wells, utilise le gaz hilarant (oxyde nitrique) comme anesthésique pour extraire une dent.

• 1846 William Morton (1819-1868), dentiste américain, est le premier à utiliser de l'éther pour une anesthésie générale.

• 1851 Invention en Allemagne de l'ophtalmoscope qui permet d'examiner le fond de l'œil.

• 1853 Utilisation de la première seringue hypodermique.

• 1860 Joseph Lister (1827-1912), chirurgien anglais, utilise

VAPORISATEUR DE GAZ PHÉNIQUE, 1860

un antiseptique (de l'acide phénique dilué) pour prévenir les infections en cours d'opération.

• 1865 Louis Pasteur (1822-95), chimiste français, invente la "pasteurisation", un traitement de la nourriture par la chaleur qui détruit les bactéries, dont il

STÉTHOSCOPE VERS 1820

démontrera le rôle dans la transmission des maladies.

• 1880 Samuel von Basch (1837-1905), chercheur tchèque, invente le sphygmomanomètre, instrument permettant de mesurer la pression sanguine.

• 1855 Rudolf Virchow (1821-1902), chercheur allemand, démontre que les tissus sont formés de cellules, et que bon nombre de maladies sont causées par des mutations cellulaires.

• 1895 Wilhem Röntgen (1845-1923), physicien allemand, découvre les rayons X. Il radiographie la main de sa femme.

• 1895 Sigmund Freud (1856-1939), médecin autrichien, étudie l'inconscient et élabore une méthode pour traiter les maladies mentales : la psychanalyse.

• 1898 L'Italien Camillo Golgi (1844-1926) montre comment certaines membranes s'empilent pour former une organelle (corps de Golgi).

• 1905 Des chercheurs britanniques utilisent le mot "hormone" venant du verbe

1910   1990

| 1910 – 1953 | 1953 – 1967 | 1970 – 1990 |

grec qui signifie "exciter".
• 1910 Karl Landsteiner (1868-1943), pathologiste autrichien, découvre l'existence des 4 groupes sanguins : A, B, AB, O.
• 1912 Sir Frederick Gowland Hopkins (1861-1947), biochimiste britannique, découvre l'existence des vitamines.
• 1918 Premier examen du cerveau aux rayons X.
• 1920 Invention de l'électro-encéphalogramme, qui enregistre les ondes électriques du cerveau.
• 1931 Ernst Ruska (1906-1988), physicien allemand, invente le microscope électronique.
• 1950 Première transplantation du rein réalisée à Chicago (USA) par le Dr Lawler.
• Années 50 Développement de la pilule contraceptive. Son usage se répand durant les années 60.
• 1952 Jonas Salk (né en 1914), biologiste américain, met au point le vaccin contre la poliomyélite.
• 1953 James Watson (né en 1928), biologiste américain, et Francis Crick (né en 1916), biochimiste anglais,

découvrent que l'ADN possède une structure à double spirale, qui permet de transmettre les gènes d'une génération à l'autre.
• 1953 John Gibbon (1903-1974), chirurgien américain, développe un appareil cœur/poumon qui permet de pomper le sang du patient pendant une opération à cœur ouvert.

ADN 1953

• 1954 Le premier régulateur cardiaque interne est posé sur un malade à Stockholm (Suède).
• 1958 L'endoscope, appareil permettant des observations à l'intérieur du corps, est mis au point aux États-Unis.
• 1967 Christian Barnard (né en 1922), chirurgien sud-africain, effectue la première

SCANNER TOMOGRAPHIQUE, 1973

transplantation de cœur. Le patient ne survit que 18 jours.

• Années 70 La résonance magnétique nucléaire (RMN) permet de produire des images détaillées de l'intérieur du corps.
• 1976 Le bras d'une victime d'un accident

BRAS BIONIQUE, 1976

de la route est équipé d'une articulation électronique en Australie.
• 1978 Naissance en Angleterre du premier bébé-éprouvette (Louise Brown).
• 1981 Première transplantation cœur/poumons, en Californie.
• 1984 John Sanford, généticien américain, met au point un appareil qui projette à grande vitesse des matériaux génétiques à l'intérieur d'une cellule, pour en modifier la structure.
• 1980-1990 La microchirurgie utilise une technologie reposant sur des endoscopes à fibres optiques et des lasers.
• Années 90 L'imagerie virtuelle est utilisée pour l'étude du corps. La carte du code génétique est en cours d'élaboration.

Glossaire

ABDUCTION
Mouvement d'un membre s'écartant de l'axe du corps.

ACIDES NUCLÉIQUES
Constituants de la cellule, contenant l'information génétique.

ADDUCTION
Mouvement d'un membre se rapprochant du corps.

ADN
Acide désoxyribonucléique, matériau génétique du noyau d'une cellule.

ALVÉOLE
Minuscules poches d'air dans les poumons.

ANTICORPS
Protéines présentes dans les fluides corporels, qui combattent les infections. (voir Protéines).

ARTÈRE
Vaisseau à paroi épaisse qui conduit le sang du cœur vers les différents organes.

ARTÉRIOLE
Petite artère.

ARTHRITE
Inflammation d'une articulation.

AXONE
Prolongement cytoplasmique de la cellule nerveuse qui assure la conduction centrifuge de l'influx nerveux.

BOL ALIMENTAIRE
Aliments ingérés.

BRONCHIOLES
Petites ramifications dans les poumons.

CANAUX CHYLIFÈRES
Petits vaisseaux lymphatiques présents dans les villosités intestinales.

CAPILLAIRES
Minuscules vaisseaux sanguins reliant les ramifications artériolaires aux ramifications veineuses.

CARTILAGE
Tissu conjonctif résistant et qui, associé à l'os, protège les articulations.

CELLULE
Plus petit élément vivant organisé et ayant son propre métabolisme.

CELLULE GLIALE
Cellule qui soutient et nourrit les neurones.

CHROMOSOME
Un des 46 groupes de gènes présents dans le noyau d'une cellule.

CHYME
Nourriture partiellement digérée, dans l'estomac.

COLLAGÈNE
Protéine structurante que l'on retrouve dans la plupart des tissus.

CONDUIT LACRYMAL
Canal par lequel les larmes s'écoulent.

CORTEX
Enveloppe extérieure dure des organes, glandes, cheveux et os.

DENDRITE
Fine ramification d'un neurone qui reçoit des implusions de neurones adjacents.

DENTINE
Couche dure de la dent, sous l'émail.

DERME
Couche profonde de la peau.

DIAPHRAGME
Muscle plat séparant le thorax de l'abdomen.

DIASTOLE
Phase de repos d'un

battement de cœur.

ECG
Électrocardiogramme – enregistre l'activité électrique du cœur.

EEG
Électro-encéphalogramme – enregistre l'activité électrique du cerveau.

ÉMAIL
Revêtement de la dent – substance la plus dure du corps.

EMBRYON
Nom donné au bébé les 8 premières semaines de gestation.

ENZYME
Protéine accélérant une réaction chimique.

ÉPIDERME
Couche superficielle de la peau.

ÉPIGLOTTE
Opercule cartilagineux en haut de la trachée qui empêche le passage de la nourriture dans les voies respiratoires.

FIBRINE
Protéine qui joue un rôle important dans la coagulation du sang et dans la cicatrisation.

FŒTUS
Nom donné au bébé de la huitième semaine de gestation à la naissance.

FOLLICULE
Prolongement en forme de sac d'une muqueuse.

GANGLIONS LYMPHATIQUES
Amas lymphoïdes à travers lesquels le fluide lymphatique est filtré en cas d'infection.

GÈNE
Unité composée d'ADN qui conserve et transmet les caractères héréditaires.

GLANDE ENDOCRINE
Glande sécrétant des hormones directement dans le sang.

GLANDE EXOCRINE
Glande à sécrétion externe – par la peau, les muqueuses.

GLOBULES BLANCS
Cellules blanches du sang qui protègent l'organisme des éléments étrangers et luttent contre l'infection.

GLOBULES ROUGES
Cellules rouges du sang contenant l'hémoglobine.

GLUCIDES
Sucres.

HÉMATOME
Amas de sang enkysté dans les tissus, consécutif à la rupture d'un vaisseau.

HÉMOGLOBINE
Pigment rouge du sang qui transporte l'oxygène vers les tissus.

HÉPATOCYTES
Cellules du foie.

HORMONES
Structures chimiques directement sécrétées dans le sang et transportées vers l'organe où elles agissent.

HYDRATE DE CARBONE
Glucide.

HYPOPHYSE
Glande endocrine la plus importante, située à la base du cerveau.

IMMUNISATION
Action de rendre réfractaire à une maladie.

KÉRATINE
Substance protéique résistante, principal constituant des cheveux, poils et ongles.

LIGAMENTS
Tissus fibreux et résistants qui relient deux parties d'une articulation.

LIPIDES
Corps gras.

LIQUIDE CÉPHALO-RACHIDIEN (LCR)
Liquide nutritif et

protecteur baignant le cerveau et la moelle épinière.

LYMPHE
Liquide circulant dans les vaisseaux lymphatiques – contrairement au sang, elle ne contient qu'un type de cellules, les lymphocytes.

LYMPHOCYTE
Cellule mononuclée de petite taille, responsable de la production d'anticorps.

MÉDULLAIRE
Qui a rapport à la moelle des os ou à la partie interne d'un organe.

MEMBRANE
Tissu mince qui enveloppe ou tapisse un organe.

MEMBRANE SYNOVIALE
Membrane qui tapisse l'intérieur d'une articulation.

MÉNINGE
Chacune des 3 membranes qui enveloppent le cerveau et la moelle épinière.

MÉTABOLISME
Ensemble des réactions biochimiques qui se produisent dans le corps.

MITOCHONDRIE
Organite situé à l'intérieur des cellules responsables de la production d'énergie.

MOELLE OSSEUSE
Substance molle du canal central des longs, où sont formés les globules rouges.

MOLÉCULE
La plus petite partie d'un corps chimique.

MORULA
Petite sphère constituée de cellules provenant de la division de l'ovule fécondé.

MYOFIBRILLE
Filament contractile des fibres musculaires.

NÉPHRON
Unité de filtration des reins.

NERFS CRÂNIENS
12 paires de nerfs reliés directement au cerveau.

NERFS MOTEURS
Nerfs qui transportent les signaux du central nerveux vers les muscles.

NERFS SENSITIFS
Nerfs qui transportent l'information depuis les récepteurs sensoriels vers le système nerveux central.

NEURONE
Cellule nerveuse qui achemine les influx nerveux.

NOYAU
Constituant indispensable de la cellule.

ŒSOPHAGE
Tube qui relie la bouche à l'estomac.

OREILLETTES
Deux cavités supérieures du cœur.

ORGANITE
Minuscule structure d'une cellule.

OSTÉON
Petite unité importante pour la fabrication de l'os compact.

PÉRISTALTISME
Onde de contraction musculaire permettant à la nourriture de cheminer le long du tube digestif.

PHAGOCYTOSE
Ingestion et destruction des éléments étrangers (bactéries, virus) par les globules blancs.

PLAQUETTES
Fragments cellulaires sanguins jouant un rôle important dans la coagulation.

PLASMA
Liquide dans lequel

les cellules du sang sont en suspension.

PLÈVRE
Membrane enveloppant les poumons.

PROTÉINES
Molécules constituées par l'enchaînement d'acides aminés reliés par des liaisons peptidiques.

RÉCEPTEURS
Structures spécialisées qui détectent les stimuli et les transmettent sous forme d'influx nerveux.

SELLES
Excréments semi-solides résultant de la digestion.

SEPTUM
Paroi qui divise une cavité, comme la cloison nasale.

SINUSOÏDES
Cavités remplies de sang que l'on trouve dans des tissus, comme le foie.

SUBSTANCE BLANCHE
Composant de la moelle épinière et du cerveau qui contient les axones.

SUBSTANCE GRISE
Partie du cerveau et de la moelle épinière contenant les neurones.

SUCS
Sécrétion des glandes digestives.

SUTURES
Articulations fixes qui réunissent les os du crâne de sorte qu'ils ne puissent pas bouger.

SYNAPSE
Zone de contact entre deux neurones.

SYNOVIE
Lubrifiant sécrété par la membrane synoviale.

SYSTÈME NEURO-VÉGÉTATIF
Partie du système nerveux qui assure les fonctions réflexes.

SYSTOLE
Phase de contraction du cœur.

TENDON
Tissu conjonctif résistant par lequel le muscle se fixe à l'os.

THYMUS
Glande qui stocke les lymphocytes T durant l'enfance et qui disparaît presque une fois adulte.

TISSU ADIPEUX
Tissu de nature graisseuse.

TISSUS
Ensemble de cellules ou de fibres qui ont la même fonction.

TRABÉCULES
Petites traverses

osseuses qui constituent l'os spongieux.

TYMPAN
Cavité de l'oreille moyenne, entre le conduit auditif et l'oreille interne.

TYROÏDE
Glande endocrine située dans le larynx.

UNICELLULAIRE
Formé d'une cellule.

VALVULE
Repli d'une membrane qui empêche le sang de refluer dans les veines et dans le cœur.

VEINE
Vaisseau aux parois fines qui ramène le sang au cœur.

VEINULE
Petite veine.

VENTRICULES
Chacune des deux cavités inférieures du cœur.

VILLOSITÉS
Petites saillies situées sur la paroi intestinale qui absorbent les nutriments.

ZONE PELLUCIDE
Membrane externe dure de l'ovule humain.

ZYGOTE
Ovule fécondé.

Index

A

acides aminés, 91
ADN, 140-145, 121
adrénaline, 72
air (composition), 79
alvéole, 76, 78, 120
amygdales, 68
anticorps, 70-71, 120
anus, 88
aorte, 62-63
apophyse, 26-27
appendicite, 83, 89
artères, 62-63, 120
artériole, 67, 120
arthrite, 31, 120
articulations, 28-31
   abduction, 120
   adduction, 120
   bicondilaire, 29
   ellipsoïde, 29
   en selle, 29
   fixe (synarthérose), 28
   ginglyme, 28
   ligaments, 29, 30, 121
   luxation, 30
   ostéite, 31
   plane, 29
   sphéroïde, 28
   suture, 29, 123
   synovie, 28, 31
   tendon, 30, 123
   trochoïde, 28
axone, 46, 120

B

bactérie, 70

bébé
   crâne, 25
   croissance, 106-107
   fécondation, 100-101
   grossesse et naissance, 102-103
bile, 90-91
blastocyste, 101
bol alimentaire, 88, 89, 120
bouche, 76, 82, 84-85
bronche, 76, 77
bronchiole, 77, 120

C

calcium, 22, 23, 115
calvitie, 38-39
canal auditif, 56
cancer, 109
canine, 84
capillaire, 66-67, 78, 120
carbone
   dioxide, 16, 62, 78
   hydrates, 114, 121
cartilage, 20, 28, 30-31, 120
cataracte, 109
cellules, 16-7, 120
   chromosomes, 104-105, 120
   division, 17
   gliales, 46, 121
   hépatocyte, 121
   mitochondries, 17, 97, 122
   morula, 101, 122
   nerveuses, 17, 46-47, 120
   phagocytaire
      (macrophage), 69-71
   reproductrices, 96-99,

      100, 104-105
   sexuelles, 96, 98, 100, 104-105
cerveau, 42, 44-45, 50
   axone, 46, 120
   congestion cérébrale, 109
   dendrite, 46-47, 120
   électro-encéphalogramme
      (EEG), 47, 121
   liquide céphalorachidien,
      44, 50, 121
   moelle épinière, 44, 45, 50-51
   nerfs crâniens, 48-49
   neurones, 46-47, 122
   organites, 16, 122
   substance blanche, 44, 50,
      123
   substance grise, 44, 50, 123
chair de poule, 39
cheveux, 38-39
chromosomes, 104-105, 120
chyme, 87, 120
coagulation, 67
cœur, 64-65
col de l'utérus, 98
collagène, 22-23, 120
côlon, 83, 88-89
colonne vertébrale, 26-27
corde vocale, 76-77
cordon ombilical, 102-103
cornée, 58-59, 120
corps,
   évolution, 12-13
crâne, 13, 24-25
crise cardiaque, 109
cristallin, 58, 109
croissance, 106-107

cycle menstruel, 98-99, 108

D

décibels, 57
dendrite, 46-47, 120
dents, 84-85
    croissance, 84
    dent de lait, 84
    dent de sagesse, 85
    dentine, 84, 120
    émail, 84, 121
derme, 38, 53, 120
diaphragme, 77-79, 120
diététique (notion de), 114-115
    graisse, 113, 114
    kilojoules, 113
    vitamines, 91, 114-115
disques intervertébraux, 27
duodenum, 88, 90

E

électrocardiogramme, 65
émail, 121
embryon, 102, 121
empreintes, 53
énergie (dépense d'), 112-113
enzymes, 82-83, 87, 90, 121
épaule, 28
épiderme, 38, 53
épididyme, 96-97
épiglotte, 76, 82, 85, 121
épiphyse, 72
estomac, 73, 86-87
expiration, 79

F

fécondation, 98, 100-101
fer, 115
foie, 90-91

fossile, 12-13
fractures, 23

G

ganglions lymphatiques, 121
gène, 16, 100, 104-105, 121
génétique, 104-105
    acides nucléiques, 120
    chromosomes 104-105, 120
    gène, 16, 100, 104-105, 121
glandes, 72-75, 121
    cébacées, 52
    endocrine, 72, 121
    exocrine, 121
    gastrique, 86-87
    hypophyse, 45, 72, 74-75, 99, 122
    hypotalamus, 45, 74-75
    salivaires, 83
    parathyroïde, 72
    thyroïde, 72, 75, 123
globules blancs (leucocytes), 17, 66, 69, 70-71, 121
globules rouges (hématies), 17, 66, 104, 121
glucagon, 91
glucides, 121
glucose, 34
goût, 54
graisses, 114
gros intestin, 88, 89
groupes sanguins, 67

H

hanche, 29
hémoglobine, 67, 78, 121
hérédité, 104-105
HIV (virus), 71
hominidés, 13

hoquet, 77
hormones,
    adrénaline, 72
    glucagon, 91
    insuline, 91
    endocrine, 72-73
    œstrogène, 99, 108
    pancréas, 91
    progestérone, 99
    puberté, 107
    testostérone, 70
    reproductrices, 97, 99
    hypophysaires, 75
hydrates de carbone, 114, 121
hypermétropie, 59, 109
hypophyse, 45, 72, 74-75, 99, 122
hypotalamus, 45, 74-75

I

incisive, 84
infection, 68, 70-71, 114
inspiration, 79
insuline, 91
intestins, 88-89

J – K

jumeaux, 99, 100
kératine, 38-39, 121
kilojoules, 113

L

lactation, 103
larme, 59
larynx, 76
ligaments, 29, 30, 121
lipides, 121
liquide amniotique, 102
luxation, 30

lymphocytes (B et T), 69, 70-71, 123

M

marteau, 57
médullaire, 122
méiose, 105
membrane synoviale, 122
membrane, 122
ménaupose, 108
méninge, 122
métabolisme, 112, 122
mitochondries, 17, 97, 122
micrographie, 34
minéraux, 91, 114-115
mitose, 105
moelle épinière, 50-51
moelle osseuse, 70, 122
molaire, 84-85
molécule, 122
mort (causes), 109
morula, 101, 122
muscles, 14, 30-37
   action, 36-37
   culturisme, 37
   fibre, 34-35
   lisse (involontaire), 35
   micrographie, 34
   myalgie, 37
   myocite, 34
   myofibrille, 122
   myopathie, 37
   quadriceps, 33
   squelettiques, 35
   structure, 34-35
   problèmes, 37
   tendons, 32
   volontaire, 35
myopie, 59

N

naissance, 102-103
néphron, 93, 122
nerfs crâniens, 48-49, 122
nerfs moteurs, 43, 122
nerfs sensitifs, 43, 122
nerfs végétatifs, 43, 123
neurones, 46-47, 122
neutrophiles, 70-71
nez, 55, 76
noyau, 16-17, 122

O

ocytocine, 75
œil, 58-59, 109
œsophage, 82, 85-86
œstrogène, 99, 108
ongle, 38-39
oreille, 56-57
   tympan, 123
orcillctte, 64, 122
organites, 16, 122
os, 14, 20-31
   collagène, 22-23, 120
   colonne vertébrale, 26-27
   composition, 22-23
   crâne, 13, 24-25
   fractures, 23
   mœlle osseuse, 70, 122
   ostéon, 22, 122
   trabécules, 123
   vertèbres, 26-27, 50-51
ostéite, 31
ovaire, 73, 75, 98-99
ovule, 38-39
oxygène, 16, 62, 67, 112

P

pancréas, 73, 83, 90-91

papilles, 54
peau, 14, 52-53, 68, 75, 108
   derme, 38, 53, 120
   épiderme, 38, 53
   kératine, 38-39, 121
pénis, 93, 96, 100
phagocytose, 70, 122
phosphate, 22
placenta, 103
plaquettes (fragments cellulaires), 66-67, 122
plasma, 66, 122
pneumonie, 109
poils, 14, 38-39
poumons, 65, 76-77, 78-79
progestérone, 99
prolactine, 75
prostate, 93, 96, 108
protéines, 104, 114, 123
puberté, 106, 107
pylore, 86-87

R

rate, 69, 90
recepteurs, 123
rectum, 83, 88, 89
rein, 73, 75, 92, 93
reproduction, 96-109
   appareil génital féminin, 98-99
   appareil génital masculin, 96-97
   cellules reproductrices, 96-99, 100, 104-105
   fécondation, 98, 100-101
   hypophyse, 45, 72, 74-75, 99, 122
rétine, 58-59, 109
ride, 109

S

salive, 72, 83-85

sang, 62, 66-67
  artériole, 66
  fibrine, 121
  globules blancs, 66
  globules rouges, 66
  hémoglobine, 67, 78, 121
  leucocytes, 66
  plasma, 66, 122

santé, 112-113

sein, 75, 103

sens, 52-59
  goût 54, 84
  odorat, 55
  ouïe, 56-57
  toucher, 52-53, 68, 75, 108
  vue, 58-59

septum, 123

SIDA, 71

sommeil, 47

spermatozoïde, 96-100

suc, 123

sucs gastriques, 83, 86-87

synapse, 47, 123

système cardiovasculaire, 15, 62-67
  battement (pouls), 65, 112
  électrocardiogramme (ECG), 65, 121
  systole, 123
  valvules, 64, 123
  ventricules, 64, 123
  vénule, 67, 123

système digestif, 15, 82-83, 84-93
  enzymes, 82-83, 87, 90, 121
  péristalisme, 89, 122
  selles, 123

villosités, 89, 123

système endocrinien, 72-73
  hypophyse, 74-75
  thyroïde, 72, 75, 123

système immunitaire, 70-71, 121
  amygdales, 68
  ganglion, 68
  infection, 68, 70-71
  lymphocytes (B et T), 69, 70-71, 123
  macrophages, 69, 70-71
  phagocytose, 70, 122
  rate, 69, 90
  thymus, 68, 70, 123

système lymphatique, 15, 68-69
  canaux chylifères, 120
  ganglions lymphatiques, 121
  lymphe, 69, 123
  lymphocytes (B et T) 69 70-71, 123
  macrophages, 69, 70-71
  neutrophiles, 70-71
  poisons (toxines), 70, 91

système nerveux, 15, 42-43, 59
  action (du muscle), 36-37
  arc réflexe, 51
  cerveau, 42, 44-45, 50
  moelle épinière, 44-45, 50-51
  nerfs crâniens, 48-49
  neurones, 46-47, 122
  sens (les), 52-59
  synapse, 47, 123

système neuro-végétatif, 43, 123

système respiratoire, 15, 76-79
  diaphragme, 77-79, 120

épiglotte, 76, 82, 85, 121
plèvre, 123
poumons, 65, 76-79

système urinaire, 15, 92-93
  cortex, 92, 120
  prostate, 93, 96, 108
  reins, 73, 75, 92, 93
  vessie, 103

T

thymus, 68, 70

tissu adipeux, 123

tissus lymphatiques, 68-69

trachée, 76

trompe d'Eustache, 56-57

tympan, 57

U

unicellulaire, 123

urine, 92, 93

utérus, 98, 101, 102-103

V

vaccin, 71

vagin, 98, 100

vaisseaux sanguins, 62, 67

valvules, 64, 123

veines, 62, 67, 123

vertèbres, 26-27, 50-51

vésicule biliaire, 91

vessie, 103

vieillesse, 108-109

virus, 70

vitamine, 91, 114-115

voûte crânienne, 24

vue, 58-59, 109

Z

zygomatique, 24

Remerciements

Illustrations :
Joanna Cameron, Mike Courtney, William Donohue, Simone End, Guiliano Fornani, Mike Gillah, Nick Hall, Sandie Hill, Dave Hopkins, Janos Marffy, Kate Miller, Colin Salmon, Michael Saunders, Clive Spong, John Temperton, Lydia Umney, Peter Visscher, John Woodcock, Dan Wright.

Photographies :
Geoff Dann, Philip Dowell, Dave King, Dave Rudkin, Jane Stockman.

Crédits photographiques :
h = haut   c = centre
b = bas   g = gauche   d = droit.

Allsport, Mike Powell 112g ; Lester Cheeseman, 108 hd ; Donkin Models, 16-17c ; Gorden Models, 58c ; Natural History Museum, 13bc, 13bd, 18-19, 20-21, 24-25 ; Queen Mary's University Hospital, 119bd ; Rex Features Ltd, Sipa 39bg ; Science Museum, 117bd, 118bd, 118-119b ; Science Photo Library, 17c, 31hg, 40-41, Michael Abbey 34bg, CNRI 10-11, 17hc, 80-81, 89bg, 91bd, Secchi-Leaque/Roussel-UCLAF/ CNRI 17c, 97cd, Prof C Ferlaud/CNRI 76c, 76cd, Manfed Kage 60-61, David Leah 106hd, Dr P Marazzi 68g, Prof P Motta/Dept of Anatomy, University "La Sapienza", Rome 22bg, 87hg, 100bd, NIBSC 71cd, OMIKRON 54hd, David Parker 72g, Petit Format/Nestlè 103hg, D Phillips 94-95, 101hg, Dr Clive Rocher 79cd, Dept of Clinical Radiology, Salisbury District Hospital 30bg, David Scharf 38hg, 66hd, Dr K F R Schiller 87b, Western Opthalmic Hospital 109hg ; Sporting Pictures (UK) Ltd 37hg.

Pour la version française :

Traduction :
Patricia Gautier

Conseiller scientifique :
Jean-Paul Bouvattier

Adaptation OCTAVO Édition :
Bernadette Bouvattier, Sophie Pujols (édition et mise en page)
Avec la collaboration de Laure Cotelle et Marianne Perdu